Mietrecht *für* Vermieter

EDITION XXL

Inhalt

Die Suche nach dem perfekten Mieter – das sollten Sie beachten

Der perfekte Mieter ist eine Illusion, von der Sie sich als Vermieter verabschieden sollten – es gibt ihn nicht. Trotzdem ist es extrem wichtig, bei der Mieterauswahl besondere Sorgfalt walten zu lassen, um jemanden zu finden, der zumindest den wichtigsten Anforderungen entspricht. Denn ein sogenannter Mietnomade, also jemand, der sich – in der Regel mithilfe falscher Angaben – in die Wohnung einmietet, keine Miete bezahlt und beim Auszug nur Chaos und Verwüstung hinterlässt, kommt Sie teuer zu stehen (Schätzungen gehen in Deutschland von 200 Millionen Euro jährlich aus). Die folgenden Ratschläge helfen Ihnen dabei, den „richtigen" Mieter zu finden, und zeigen zudem die häufigsten Fallstricke auf, die es zu vermeiden gilt.

Was haben Sie anzubieten und was wollen Sie? – Überlegungen im Vorfeld

Bevor Sie sich daranmachen, Ihre Wohnung am Markt anzubieten, sollten Sie einen Moment innehalten und sich Gedanken darüber machen, was genau Sie eigentlich suchen beziehungsweise erwarten – sowohl in Bezug auf den Mieter als auch auf die Miethöhe. Denn nur wenn Sie das „Ziel" kennen, können Sie die richtigen Schritte unternehmen, um einen passenden Mieter zu finden. Das jedoch setzt voraus, dass Sie wissen, was Sie anzubieten haben, und den Marktwert Ihrer Wohnung kennen. Nehmen Sie sich die Zeit, um in Ruhe zu überlegen und zu recherchieren, es lohnt sich!

■ Der Mieter – welche Eigenschaften sollte er haben?

Einige Anforderungen, die Ihr Mieter erfüllen sollte, liegen auf der Hand. Denn natürlich sollte er solvent sein und pünktlich die Miete bezahlen. Mindestens ebenso wichtig ist, dass er mit dem Mietobjekt pfleglich umgeht und es nicht verwahrlosen lässt. Denn eine hohe Rendite nützt Ihnen nichts, wenn Sie alle paar Jahre die Miträume komplett renovieren beziehungsweise sanieren müssen. Zudem sollte der Mieter kein „Rowdy" sein, der permanent den Hausfrieden stört, sondern sich in die Hausgemeinschaft einfügen. Und dass man mit ihm vernünftig reden kann, wenn es einmal Probleme gibt, schadet sicher auch nicht. Doch was stellen Sie sich darüber hinaus unter Ihrem „perfekten Mieter" vor? Insbesondere über die folgenden Punkte lohnt es sich, einmal nachzudenken. Am besten halten Sie Ihre Überlegungen schriftlich fest. Notieren Sie bitte auch, was davon absolute Muss-Kriterien sind und wo Sie gegebenenfalls bereit wären, Abstriche zu machen – denn wie gesagt, den perfekten Mieter gibt es nicht.

- Gibt es Präferenzen in Hinblick auf Alter, Geschlecht, Herkunft etc.? Möchten Sie lieber eine Frau als Mieter oder haben Sie Berührungsängste in Bezug auf fremde Kulturen, steht Ihnen das natürlich frei, doch sollten Sie es nach außen hin, insbesondere den Bewerbern gegenüber, besser nicht zeigen. Sie geraten sonst möglicherweise in Konflikt mit dem

Allgemeinen Gleichbehandlungsgesetz und machen sich schadenersatzpflichtig (siehe Seite 28f.).

- Haben Sie bestimmte Vorstellungen hinsichtlich Familienstand, Bildungsstand, Beruf ...? Zwei kinderlose Doppelverdiener sind zwar in Hinblick auf die Bonität eine „sichere Bank", doch wechseln sie sicher schneller und öfter die Wohnung als ein Alleinverdiener, der für seine Familie sorgen muss. Das Gleiche gilt für den Berufseinsteiger oder ein junges Paar, das gerade den ersten gemeinsamen Hausstand gründet. Und ist ein Akademiker mit zwei „linken Händen" wirklich dem handwerklich begabten Arbeiter vorzuziehen, der im Fall des Falles auch einmal selbst Hand anlegt? Es gibt hier kein Richtig oder Falsch, aber Sie sollten sich auch nicht vorschnell einem gängigen Klischee anschließen. Führen Sie sich die jeweiligen Vor- und Nachteile vor Augen und entscheiden Sie dann ganz bewusst.

- Sind Sie bereit, an „Problemfälle" zu vermieten? Darunter sind einerseits Mieter zu verstehen, um deren Zahlungsfähigkeit es nicht allzu gut bestellt ist, andererseits aber auch Freunde, Familienangehörige und Arbeitskollegen. Im ersten Fall sind die Risiken offensichtlich. Hier können Sie nur versuchen, sich so gut wie möglich abzusichern, zum Beispiel

indem Sie sich vorhandene Wohngeldansprüche und/oder Miet- beziehungsweise Nebenkostenzahlungen der Arbeitsagentur abtreten und direkt auf Ihr Konto überweisen lassen.

> **TIPP** Berücksichtigen Sie die Mieterstruktur
>
> *Handelt es sich bei dem Mietobjekt um ein Mehrparteienhaus, sollten Sie auch darauf achten, dass der neue Mieter in die vorhandene Mieterstruktur passt. Zieht beispielsweise eine Familie mit kleinen Kindern in ein Haus ein, das sonst nur von kinderlosen Mietern bewohnt wird, sorgt das vermutlich genauso für unnötiges Konfliktpotenzial wie ein junger, lebenslustiger Single unter Senioren.*

Hierfür ist eine entsprechende Erklärung des Mieters notwendig (siehe Muster 1, Seite 12). Im zweiten Fall sind die möglichen Gefahren nicht finanzieller, sondern emotionaler Natur. Hier vermischen sich „Privates" und „Geschäftliches" und das kann Sie, insbesondere im Konfliktfall, in arge Bedrängnis bringen. Eine Mieterhöhung, eine Abmahnung oder gar eine Kündigung wird da schnell zur Belastungsprobe, an der schon so manche Freundschaft und so mancher Familienfrieden zerbrochen ist.

VEREINBARUNG

Zwischen

[Name, Anschrift]

– im Folgenden Vermieter genannt – und

[Name, Anschrift]

– im Folgenden Mieter genannt –

wird nachstehende Vereinbarung getroffen:

Der Mieter tritt ihm vom Sozialamt zustehendes Wohngeld für Grundmiete und Betriebskosten in voller Höhe an den Vermieter ab. Der Vermieter nimmt die Abtretung an.

[alternativ]

Der Mieter tritt sämtliche ihm von der Arbeitsagentur zustehenden Zahlungen für Grundmiete und Betriebskosten an den Vermieter ab. Der Vermieter nimmt die Abtretung an.

Der Mieter stimmt zu, dass die Zahlstelle des Sozialamts/der Arbeitsagentur diese Gelder direkt auf folgendes Konto des Vermieters überweist: [Angabe Bankverbindung]

[Unterschrift Mieter]   [Unterschrift Vermieter]

Das Mietobjekt – wie sieht Ihr Angebot aus?

Nachdem Sie nun ein klareres Bild von Ihrem zukünftigen Mieter haben, gilt es, eine Bestandsaufnahme des Mietobjekts zu machen. Denn schließlich wollen Sie es später ja möglichst optimal präsentieren. Insofern empfiehlt es sich auch hier, Ihre Notizen zu den folgenden Punkten schriftlich festzuhalten:

- **Wohnungsart:** Um welche Art von Wohnung handelt es sich bei dem Mietobjekt? Ein exklusives Loft hoch über den Dächern der Stadt? Eine Doppelhaushälfte beziehungsweise ein Reihenhaus? Eine schicke Maisonette-Wohnung? Oder vielleicht einfach nur ein Zimmer in einer WG?

- **Platzangebot:** Wie viele Zimmer hat das Objekt und wie groß sind diese?

- **Ausstattung:** Damit sind sowohl Merkmale wie ein Lift, eine Einbauküche, ein Bad mit Fenster, die Bodenbeläge, ein Kamin, ein Balkon/ eine Terrasse oder ein Garten(anteil) gemeint als auch speziellere Anforderungen wie beispielsweise die Barrierefreiheit der Wohnung oder ausreichend breite Türen, damit auch ein Rollstuhlfahrer hindurchkommt.

- **Umfeld:** Liegt das Objekt in einem lebhaften Multikulti-Viertel oder in einer Neubausiedlung mit viel Grün, in der sich vorwiegend junge

Familien niederlassen? Vielleicht handelt es sich aber auch um eine besonders ruhige Wohngegend, sodass die Wohnung als Altersruhesitz infrage kommt ...

- **Infrastruktur:** Befinden sich Geschäfte des täglichen Bedarfs und/ oder Arztpraxen sowie Freizeitangebote (Kino, Schwimmbad, Zoo, Park) in der Nähe? Gibt es einen Kindergarten, Schulen oder eine Universität in der näheren Umgebung? Wie sieht es mit der Verkehrsanbindung aus (Flughafen, Autobahn, öffentlicher Nah- und Fernverkehr)? Und im

Multimedia-Zeitalter nicht zu vergessen: Gibt es einen schnellen Internetzugang/Kabelfernsehen?

Nachdem Sie auch das geschafft haben, gleichen Sie als Nächstes Ihr Angebot mit Ihrer Zielgruppe, also Ihrem Wunschmieter, ab: Passt beides zusamen? Denn schließlich ist es ziemlich unwahrscheinlich, dass eine erfolgreiche Führungskraft in ein 1-Zimmer-Apartment in einer B-Lage einzieht oder ein ausgehfreudiger Single in eine Stadtrandwohnung, weitab vom Schuss. Bei größeren Diskrepanzen sollten Sie Ihre Vorstellungen bezüglich Ihres Mieters noch einmal überdenken.

■ Die Miethöhe – lernen Sie den Markt kennen

Auch die Höhe der Miete gehört zu den Dingen, über die Sie sich bereits im Vorfeld Gedanken machen sollten – und zwar fundiert. Es ist erschreckend, wie viele Vermieter bei diesem für sie so wesentlichen Thema einfach auf ihr Bauchgefühl hören oder sich an irgendwelchen Vergleichswerten orientieren, ohne diese auf ihre Richtigkeit und Aktualität zu überprüfen. Machen Sie nicht den gleichen Fehler.

Wichtigste Grundlage für Ihre Mietkalkulation sollte immer der Markt sein: Wie groß ist das Angebot an vergleichbaren Wohnungen und welche Mieten werden dafür erzielt? Angaben hierzu finden Sie im Immobilienteil Ihrer Tageszeitung beziehungsweise im Internet, wobei Sie beim Thema „Vergleichbarkeit" ruhig etwas großzügiger sein dürfen, denn wenn es darum geht, die Vorzüge ihres Mietobjekts in einer Anzeige herauszustellen, sind die meisten Vermieter ebenfalls sehr großzügig – ganz im Gegensatz zu den Nachteilen, die natürlich tunlichst nicht genannt werden. Konzentrieren Sie sich aber nicht nur auf die Mietangebote, sondern werfen Sie unbedingt auch einen Blick auf die Gesuche. Denn je gefragter Ihr Objekt ist, desto mehr Miete können Sie logischerweise dafür verlangen.

Einen weiteren Anhaltspunkt bietet Ihnen der Mietspiegel, der von der jeweiligen Stadt beziehungsweise Gemeinde erstellt wird, oftmals in Zusammenarbeit mit dem örtlichen Mieter- und/oder Vermieterverband (dort erhalten Sie ihn auch). Er beinhaltet eine Übersicht über ortsübliche Vergleichsmieten, abhängig von Lage, Baujahr, Größe und Ausstattung. Wirft man beispielsweise einen Blick in den Mietspiegel der Stadt Berlin, sieht man unter anderem Folgendes:

1950–1955	1956–1964	1965–1972	1973–1983 West	1984–1990 West	1973–1990 Ost mit Wende-wohnung
4,94 4,30–6,25	**5,08** 3,79–6,34	**4,51*** 3,94–5,46			**5,58*** 4,43–6,01
4,64 4,12–5,53	**5,14** 3,97–6,50	**4,96*** 4,50–6,07			**6,11** 5,06–6,66
5,70* 4,49–6,87	**5,88*** 4,89–6,69	**6,53**** 5,70–6,91			**5,55*** 4,73–6,37
4,73 4,04–5,77	**4,72** 3,94–6,10	**4,29** 3,83–4,90	**5,52**** 4,78–6,38		**4,80** 4,23–5,24
4,72 4,27–5,41	**4,86** 4,19–5,60	**4,96** 4,38–5,28	**5,97**** 4,84–7,02		**5,04** 4,32–5,60
4,97 4,45–5,71	**4,82** 4,14–5,49	**5,36** 4,65–6,40	**6,80**** 5,81–7,50		**4,97** 4,66–5,95
4,55 4,15–5,27	**4,18** 3,61–5,34	**4,10** 3,91–4,43	**5,38**** 4,25–6,96	**6,37** 5,00–6,95	**4,36** 3,87–4,69
5,02 4,45–5,74	**4,51** 3,90–5,20	**4,62** 4,03–5,19	**5,56*** 3,72–6,82	**5,80** 5,40–5,92	**4,51** 3,94–5,04
4,98 4,34–5,71	**4,70** 4,18–5,18	**5,49** 6,85–6,04	**7,44** 5,90–9,05	**6,62** 5,26–8,13	**4,70** 4,32–5,15
4,83 2,89–5,51		**4,04*** 3,72–4,16			**4,29** 3,57–5,07
5,25 4,58–5,89	**5,12** 3,29–6,38	**4,96** 3,99–5,62	**6,57** 5,85–7,80	**7,04** 4,65–8,00	**4,32** 3,86–4,95
4,80 3,83–5,94	**5,96** 4,20–10,28	**6,50** 5,23–8,17	**7,35*** 6,01–8,51	**7,46** 6,53–8,35	**4,57*** 4,27–5,14

Bei Leerfeldern lagen für eine verlässliche Aussage nicht genügend Mietwerte vor.

1991–31.12.2007 ohne Wendewohnung	Bezugsfertig	
	Wohnlage	Wohnfläche
	einfach	
	mittel	bis unter 40 m²
	gut	
6,41 5,90–6,80	einfach	
7,03 5,69–7,56	mittel	40 m² bis unter 60 m²
7,17 6,00–8,47	gut	
6,13 4,98–7,18	einfach	
6,87 5,77–7,50	mittel	60 m² bis unter 90 m²
7,35 5,80–9,00	gut	
5,96* 4,35–7,15	einfach	
6,54 5,36–7,55	mittel	90 m² und mehr
7,21 5,02–9,00	gut	

Aus der Tabelle können Sie entnehmen, dass für eine 50-Quadratmeter-Wohnung in mittlerer Wohnlage (eine entsprechender Plan zur Einordnung ist im Mietspiegel in der Regel ebenfalls enthalten), die zwischen 1991 und 2007 erstellt oder vollständig saniert und modernisiert wurde, im Durchschnitt eine Kaltmiete von 7,03 Euro verlangt wird, wobei die Spanne von 5,69 bis 7,56 Euro reicht. Diesem Mittelwert ist eine normale Ausstattung (abgeschlossene Wohnung mit Bad, WC und Zentralheizung) zugrunde gelegt. Ist die Ausstattung in Ihrem konkreten Fall besonders hochwertig (Stuckdecken, Echtholzparkett, zweites Badezimmer, Wintergarten, Fahrstuhl, offener Kamin etc.), wird sich der Preis eher am oberen Ende der angegebenen Bandbreite orientieren – und umgekehrt. Manche Mietspiegel enthalten aber auch konkrete Zu- und Abschläge, die hinsichtlich bestimmter Ausstattungsmerkmale vorzunehmen sind.

Allerdings hat der Mietspiegel auch einen gravierenden Nachteil: Nicht überall gibt es einen. Zwar sollen die Gemeinden und Städte einen Mietspiegel erstellen, wenn eine entsprechende Nachfrage besteht und dies mit einem vertretbaren Aufwand möglich ist, verpflichtet dazu sind sie jedoch nicht. Und natürlich hinkt er der aktuellen Mietentwicklung immer ein wenig hinterher. Deshalb sollten Sie ihn in Bezug auf die Festlegung Ihrer Miete eher als Ergänzung betrachten.

Doch ob nun mit oder ohne Mietspiegel – am Ende Ihrer Marktstudie werden Sie ein ganz gutes Gefühl dafür bekommen haben, was Sie für Ihr Objekt an Miete verlangen können. Trotzdem empfiehlt es sich in der Regel nicht, das Maximum zu fordern, denn nur wenige werden bereit sein, sich darauf einzulassen.

Mit einer etwas moderateren Miethöhe hingegen haben Sie deutlich mehr Auswahl und finden meist auch schneller einen Mieter. Achtung: Dem Streben nach einer möglichst hohen Miete hat der Gesetzgeber Grenzen gesetzt, deren Übertretung höchst unangenehme und teure Folgen haben kann (siehe Seite 45).

Gesucht, gefunden – Anzeigen, Websites, Makler & Co.

Um einen geeigneten Mieter zu finden, stehen Ihnen mehrere Wege zur Verfügung: eine Zeitungsannonce, das Internet, persönliche Empfehlungen, Aushänge sowie die professionelle Hilfe eines Maklers. Welcher dieser Wege für Sie sinnvoll ist, hängt vor allem von der Marktlage ab und davon, welche Zielgruppe Sie ansprechen wollen. Weniger und dafür gezielt ist in vielen Fällen sehr viel erfolgversprechender – und auch billiger – als der große „Rundumschlag".

Der Klassiker – Inserate in Tages- und Wochenzeitungen

Der Immobilienteil ihrer lokalen Tageszeitung ist für viele Wohnungssuchende nach wie vor der erste Ansatzpunkt. Ein entsprechendes Inserat stellt daher in aller Regel eine gute Wahl dar. Gibt es für Ihren Ort verschiedene Tageszeitungen, wählen Sie diejenige, die Ihre Zielgruppe vermutlich am ehesten liest. Meist wird ein Wohnungssuchender aber ohnehin alle örtlichen Zeitungen durchsehen, sodass mehrere gleichzeitig erscheinende Annoncen dort wenig sinnvoll sind. Wechseln Sie lieber ab und/oder investieren Sie in zusätzliche Anzeigen in einer der meist wöchentlich erscheinenden Regionalzeitungen oder einem überregionalen Blatt. Viele der großen Tageszeitungen bieten zudem an, Ihr Inserat gegen einen vergleichsweise geringen Aufpreis auch in ihrer Online-Ausgabe zu veröffentlichen. Ist Ihre Zielgruppe internetaffin, sollten Sie diese Möglichkeit nutzen (siehe Seite 20f.).

Was die Gestaltung Ihrer Anzeige angeht, sollten Sie sich in Zurückhaltung üben – sowohl was die Sprache angeht als auch das Layout. Ein kurzer, sachlicher Annoncentext wirkt sehr viel seriöser und vertrauenswürdiger als einer, der die Wohnung in überschwänglichen oder gar marktschreierischen Worten anpreist. Und er ist billiger, denn in der Regel richten sich die Kosten des Inserats nach den Zeilen. Auf teure Layoutelemente wie Rahmen, Fettungen oder farbliche Hervorhebungen können Sie ebenfalls getrost verzichten, Sie verbessern Ihre Chancen kaum. Denn ein Mietinteressent liest in der Regel alle

Angebote – ob Sie nun aufwendig oder schlicht gestaltet sind, ob sie ganz oben stehen oder weiter unten. Wichtig ist, dass Ihre Anzeige alle Basisinformationen enthält (eine kurze Beschreibung, Angaben zur Lage und zur Miete sowie Ihre Kontaktdaten). Wenn dann noch Platz beziehungsweise Budget übrig ist, nutzen Sie es, um weitere für den Mietinteressenten relevante Angaben zu Ihrem Objekt zu machen. Das kann die besondere Lage sein, eine vorhandene Einbauküche, die Tatsache, dass die Wohnung vor Kurzem komplett renoviert wurde, oder die günstige Verkehrsanbindung. Besonders schlagkräftige Argumente gehören dabei an den Anfang der Anzeige, zum Beispiel: „München-Schwabing, gut geschnittene 3-Zi-Whg., 80 qm, 800 Euro plus NK zzgl. 3 MM Kaution, Tel. ...“ Oder: „2-ZKB mit Gartenanteil, 55 qm, 400 Euro + NK + Kaution, Tel. ...“ Oder: „600 Euro inkl. NK, helle 3-Zi-Whg., 72 qm, Tel. ...“ Mit Anforderungen an Mietinteressenten sollten Sie sich hingegen zurückhalten (Geschlecht, Alters-, Herkunfts- und

Berufsangaben etc.). Denn sonst kann Ihre Anzeige später unter Umständen als Indiz für eine Diskriminierung gewertet werden (siehe Seite 28f.). Gut zu wissen: Eine Chiffreanzeige wirkt auf viele Interessenten eher abschreckend und verlangsamt das gesamte Prozedere. Es ist daher besser, eine Telefonnummer anzugeben, unter welcher der Wohnungssuchende Sie erreichen kann. Eine Handynummer bietet dabei etwas mehr Anonymität als Ihre Festnetznummer. Seien Sie dann allerdings auch auf Nachfragen gefasst. Ihre Vorüberlegungen sind hierfür eine gute Basis (siehe Seite 13ff.).

TIPP Wohnungsgesuche
Werfen Sie auch als Vermieter ruhig einen Blick in den Wohnungsmarkt Ihrer Zeitung, insbesondere auf die Wohnungsgesuche. Finden Sie eine der Anzeigen interessant, spricht nichts dagegen, hier aktiv zu werden und sich bei dem Betreffenden zu melden.

Der moderne Weg – Immobilienportale im Internet

Das Internet spielt eine immer größere Rolle in unserem Leben und so ist es nicht weiter verwunderlich, dass es sich auch bei der Wohnungssuche immer größerer Beliebtheit erfreut. Deshalb sollten Sie – je nach Zielgruppe – eine

Anzeige in einem Immobilienportal in Erwägung ziehen. Marktführer in diesem Bereich ist Immobilienscout24 (www.immobilienscout24.de), aber auch ein Besuch bei der Konkurrenz (beispielsweise bei www.immowelt.de

oder www.immonet.de) ist empfehlenswert. Weitere einschlägige Webseiten finden Sie über eine entsprechende Suchmaschinenabfrage.

Eine Internetannonce ist – genau wie ein Zeitungsinserat – in der Regel mit Kosten verbunden. Ob die auch hier angebotenen Zusatzleistungen in Bezug auf die Gestaltung ihr Geld wirklich wert sind, sei dahingestellt, aber Fotos sowie einen Grundriss sollten Sie auf jeden Fall einstellen. Was den Inhalt Ihrer Anzeige angeht, gelten die gleichen Ausführungen wie beim Zeitungsinserat. Einziger Unterschied: Im Internet haben Sie in der Regel deutlich mehr Platz zur Verfügung.

Der oftmals unterschätzte Weg – Networking und Co.

Eine weitere Möglichkeit, an die viele Vermieter gar nicht denken, ist, Ihre Freunde, Bekannten, Kollegen etc. wissen zu lassen, dass Sie eine Wohnung zu vergeben haben. Sie werden überrascht sein, wie viele Ihrer Kontakte jemanden kennen, der gerade auf Wohnungssuche ist. Ein möglicher Wermutstropfen ist dabei jedoch die bereits auf Seite 11 angesprochene Vermischung von Privatem und Geschäftlichem. Ebenfalls gern vergessen wird die Möglichkeit, Ihr Angebot über ein Schwarzes Brett bekannt zu machen. Das empfiehlt sich besonders dann, wenn sich das Mietobjekt in der Nähe der Uni oder einer großen Firma, Behörde, Klinik etc. befindet. Erkundigen Sie sich einfach, ob Sie eine entsprechende Anzeige dort aufhängen dürfen.

Der bequeme Weg – Unterstützung vom Profi

Anzeigen verfassen und aufgeben, Rückfragen beantworten, Besichtigungstermine vereinbaren und durchführen – die Suche nach einem passenden Mieter kostet Zeit. Haben Sie diese nicht oder waren Ihre bisherigen Bemühungen nicht von Erfolg gekrönt, besteht die Möglichkeit, einen Makler einzuschalten, der Ihnen die Mietersuche und alle damit verbundenen Tätigkeiten abnimmt. Doch das hat natürlich auch seinen Preis. Und wer den letztendlich bezahlen muss, hängt stark vom jeweiligen Mietmarkt ab. Ist das Angebot an Wohnraum groß und die Nachfrage eher gering, werden Sie als Auftraggeber für die Maklerkosten aufkommen müssen, da Ihre Wohnung sonst nicht zu vermitteln wäre. Ist die Nachfrage jedoch hoch und das Angebot an Mietwohnungen begrenzt, können

Sie die Maklergebühr in der Regel auf den Mieter „abwälzen". Dabei sollte Ihnen jedoch bewusst sein, dass das die Attraktivität Ihres Angebots deutlich schmälert. Entscheiden Sie sich trotzdem für diesen Weg, klären Sie unbedingt die Kostenfrage, bevor Sie einen Vertrag mit dem Makler abschließen. Das ist übrigens auch mündlich möglich, aber aus Beweisgründen sollten Sie die schriftliche Variante auf jeden Fall bevorzugen. Achten Sie zudem darauf, dass das Honorar nur im Erfolgsfall fällig wird und nur, wenn der Makler maßgeblich dazu beigetragen hat. Mit anderen Worten: Kein Mieter, kein Geld. Das sollte auch Auslagenerstattungen wie Schreibgebühren, Portokosten und Fahrtkosten mit einschließen. Sind solche Zusatzkosten gerechtfertigt, weil die Vermietung in Ihrem Fall sehr aufwendig und langwierig ist, treffen Sie diesbezüglich eine klare Vereinbarung mit dem Makler.

Akzeptieren Sie möglichst keine Pauschale(n), sondern lassen Sie sich die Auslagen durch entsprechende Quittungen nachweisen.

Wissenswert in diesem Zusammenhang ist, dass das Gesetz zur Regelung der Wohnungsvermittlung (WoVermG) die Höhe der Provision – für den Mieter – auf maximal zwei Monatsmieten, gegebenenfalls plus Mehrwertsteuer, begrenzt. Ausschlaggebend ist dabei die Nettomiete, also die Miete ohne Nebenkosten, es sei denn, es wird im Mietvertrag eine Miete einschließlich Betriebskosten vereinbart, was jedoch die Ausnahme darstellt (siehe Seite 45ff.). Auch darf der Makler vom Mieter keinerlei sonstige Gebühren verlangen, insbesondere keine Vorschüsse und sogenannten Reservierungsgebühren (dafür, dass er das Objekt vorerst niemand anderem anbietet).

TIPP Der Makler, das unbekannte Wesen

Der Ruf, in dem Wohnungsvermittler gemeinhin stehen, ist nicht der beste. Zwar tut man damit dem Großteil von ihnen sicher Unrecht, aber Fakt ist, dass sich in dieser Branche leider auch etliche schwarze Schafe tummeln. Deshalb sollten Sie, sofern Sie sich dafür entscheiden, die Dienste eines Maklers in Anspruch zu nehmen, bei der Auswahl sehr genau hinschauen. Einen seriösen Vertreter der Maklerzunft erkennen Sie unter anderem daran, dass er die Kosten für seine Tätigkeit von Anfang an unmissverständlich und offen benennt. Auch die Mitgliedschaft in einem der großen Maklerverbände (VDM und RDM) sowie eine langjährige Geschäftstätigkeit sind Hinweise dafür, dass der Makler vertrauenswürdig ist.

Jetzt wird es ernst – das erste „Rendezvous" mit dem potenziellen Mieter

Gibt es Interessenten für Ihr Mietobjekt, ist der nächste Schritt, einen Besichtigungstermin zu vereinbaren. Quetschen Sie diesen aber wenn möglich nicht zwischen diverse andere, sondern geben Sie Ihrem potenziellen neuen Mieter ausreichend Zeit, sich alles anzuschauen und Fragen zu stellen. Und genau dasselbe sollten Sie auch tun. Denn schließlich müssen Sie sich – sofern bei der Gegenseite Interesse besteht – früher oder später für einen der Kandidaten entscheiden. Eine Wahl, die Sie sorgfältig treffen sollten.

Die Besichtigung – so präsentieren Sie Ihr Mietobjekt von seiner Schokoladenseite

Beschränken Sie sich bei der Besichtigung nicht nur auf die Inaugenscheinnahme der Wohnräume, sondern zeigen Sie den Interessenten auch die Gemeinschaftseinrichtungen (Eingangsbereich, Flure, Hof, Keller, Abstellräume, Waschküche etc.), das Gebäude beziehungsweise die Wohnanlage, in der die Wohnung liegt, sowie gegebenenfalls den Garten etc. Das hilft ihnen nicht nur, einen besseren Eindruck vom Mietobjekt zu bekommen, sondern gibt Ihnen auch Gelegenheit, dessen Vorzüge in allen Einzelheiten zu präsentieren (siehe Liste von Seite 13f.). Damit das funktioniert, sollte sich alles in einem ordentlichen und sauberen Zustand befinden. Seien Sie also lieber einige Zeit vor dem vereinbarten Termin da, um – falls nötig –

noch einmal Hand anlegen zu können. Auch ist es immer günstiger, die Besichtigung bei Tageslicht durchzuführen, insbesondere wenn die Wohnung derzeit leer steht und keine Lampen vorhanden sind. Achten Sie zudem darauf, nicht alle Interessenten gleichzeitig zu bestellen, sondern staffeln Sie die Termine möglichst und planen Sie jeweils ausreichend Zeit ein. Dauert es mal etwas länger, bitten Sie die nachfolgenden Interessenten, noch einen Moment vor der Wohnungstür zu warten.

Wichtig: Ist der Vormieter noch nicht ausgezogen, steht Ihnen zwar ein Betretungsrecht zu (siehe Seite 97f.), doch müssen Sie sich rechtzeitig mit ihm abstimmen. Versuchen Sie zudem, die

Belästigung, die zwangsläufig durch die Besichtigung entsteht, so gering wie möglich zu halten. Keinesfalls jedoch sollten Sie ihm allein die Wohnungspräsentation überlassen, sondern diese immer selbst durchführen. Denn nur so können Sie sicherstellen, dass wirklich die „Schokoladenseite" gezeigt wird.

■ Der Energieausweis

In Zeiten ständig steigender Energiekosten entscheiden nicht mehr nur persönliche Vorlieben und die Miete darüber, ob die besichtigte Wohnung für den Interessenten infrage kommt, sondern zunehmend auch die Heizkosten. Und die lassen sich durch eine gute Dämmung der Wände und des Dachs, Isolierglasfenster, eine moderne Heizung etc. senken. Dementsprechend werden sich mehr und mehr Bewerber auch nach dem energetischen Zustand der Wohnung beziehungsweise des Gebäudes erkundigen. Dabei kommt ihnen sogar der Gesetzgeber zu Hilfe. Denn seit dem 1. Januar 2009 sind Sie als Vermieter verpflichtet, ihnen auf Verlangen einen Energieausweis – auch Energiepass genannt – für das Objekt vorzulegen, aus dem der Energiebedarf beziehungsweise der -verbrauch hervorgeht.

Zu unterscheiden sind dabei zwei Arten von Energieausweisen: der verbrauchsorientierte und der bedarfsorientierte. Der verbrauchsorientierte Ausweis wird auf Grundlage der letzten drei Abrechnungen für Heizkosten und Warmwasser ermittelt. Damit ist er nicht ganz so aussagekräftig wie der bedarfsorientierte Ausweis, der vom baulichen Zustand des Hauses und der Haustechnik ausgeht, liefert aber vor allem bei großen Gebäuden mit vielen Wohnungen dennoch ein akzeptables Ergebnis.

Konnten Sie bis einschließlich 30.9.2008 wählen, ob Sie den teureren Bedarfsausweis oder den günstigeren Verbrauchsausweis erstellen lassen, müssen Sie nun unterscheiden:

- Für vermietete Neubauten ist generell ein Bedarfsausweis zu erstellen.

- Hat das fragliche Gebäude mindestens 5 Wohnungen, können Sie auch weiterhin zwischen Bedarfs- und Verbrauchsausweis wählen. Das gilt ebenso für Gebäude mit weniger als 5 Wohnungen, wenn der Bauantrag nach dem 1.11.1977 gestellt wurde.

- Für Gebäude mit weniger als 5 Wohnungen, bei denen der Bauantrag vor dem 1.1.1977 gestellt wurde, kann seit

dem 1.10.2008 nur noch der Bedarfsausweis erstellt werden. Ausnahme:
Das Gebäude hat bei Fertigstellung
bereits den Anforderungen der ersten
Wärmeschutzverordnung entsprochen
oder es wurde später auf dieses Niveau angehoben. Dann gilt auch bei
diesen Gebäuden die Wahlfreiheit.

- Bei Nichtwohngebäuden können Sie
  immer wählen.

Gut zu wissen: Vorlegen heißt in diesem
Fall Einsicht gewähren. Sie müssen dem
Mietinteressenten den Ausweis (oder
eine Kopie) nicht aushändigen. Sie sollten
sich die Vorlage aber quittieren lassen.

„Wollen Sie?" – Das „Bewerbungsgespräch" mit dem potenziellen Mieter

Versuchen Sie, sich im persönlichen Gespräch während und/oder nach der Wohnungsbesichtigung ein möglichst umfassendes Bild von dem jeweiligen Mietinteressenten zu machen – von seiner Persönlichkeit, seinem Werdegang sowie seiner derzeitigen beruflichen und privaten Situation. Denn daraus können Sie interessante Rückschlüsse ziehen (zum Beispiel auf die Frage, ob er eher an einem langfristigen Mietverhältnis interessiert ist oder die Wohnung nur als „Durchgangsstation" sieht) und es ist gleichzeitig der beste Schutz gegen Nichtzahler, Wohnungsverwüster und Randalierer – solange Sie dabei nicht in die Symphatiefalle tappen. Werden Sie jedoch zu persönlich, darf der potenzielle Mieter lügen. Auch sollten Sie generell darauf achten, dass das Gespräch nicht in ein Verhör ausartet, denn das wirkt extrem abschreckend. Und denken Sie daran: Nicht nur Sie haben Fragen, die Sie klären möchten, sondern vermutlich auch der Interessent.

▨ Vermieterfragen – nicht alles ist erlaubt

Wie eingangs erwähnt, haben Sie als Vermieter natürlich ein berechtigtes Interesse daran, vor Abschluss eines Vertrages etwas über den potenziellen neuen Mieter zu erfahren, insbesondere über seine finanzielle Situation. Schließlich möchten Sie Ihre Wohnung in guten Händen wissen und einigermaßen sicher sein, dass die Miete pünktlich bezahlt wird. Dabei gilt, dass Sie ihn grundsätzlich alles fragen dürfen, genauso wie es dem Interessenten jederzeit freisteht, Ihre Fragen nicht zu beantworten.

Dass so jedoch tatsächlich ein Mietvertrag zustande kommt, ist unwahrscheinlich. Sehr viel spannender ist daher die Frage, wann Ihr Gesprächspartner – sofern er denn antwortet – die Wahrheit sagen muss und wann er schwindeln darf.

Wahrheitsgemäß beantworten muss er Ihre Fragen in Bezug auf

• seinen Familienstand,

• sein Einkommen,

- eine geleistete eidesstattliche Versicherung/ein laufendes Verbraucherinsolvenzverfahren,

- seinen Arbeitgeber,

- die Personen, die in die Wohnung einziehen.

Stellt sich heraus, dass er hierbei gelogen hat, können Sie den Vertrag wegen arglistiger Täuschung anfechten oder fristlos kündigen. Das heißt, der Vertrag wird ungültig und Ihr Mieter kann nicht einziehen oder er muss die Wohnung umgehend räumen, sofern der Schwindel erst nach seinem Einzug auffliegt. Allerdings wird das für Sie umso schwieriger, je länger er bereits in der Wohnung lebt – sofern er seinen anderen Verpflichtungen als Mieter vertragsgemäß nachkommt.

Achtung: Nach Auffassung des Landgerichts Bonn muss der Mietinteressent Sie sogar ungefragt, also von sich aus, auf negative Umstände seiner Bonität hinweisen, da diese die Gefahr, dass Ihr Anspruch auf Mietzahlung nicht erfüllt wird, wesentlich erhöhen (NZM 2006, S. 177). Das betrifft insbesondere ein gegen ihn eröffnetes oder noch laufendes Insolvenzverfahren sowie erhebliche Mietrückstände aus dem vorangegangenen Mietverhältnis und die daraus resultierende Räumung. Ob er auch die Abgabe einer eidesstattlichen Versicherung von sich aus ansprechen muss, ist allerdings umstritten. Das Amtsgericht

Frankfurt/Main hingegen geht sogar noch einen Schritt weiter und bejaht auch dann eine Offenbarungspflicht, wenn der Interessent die Miete nur mithilfe des Sozialamts aufbringen kann (WM 89, 620). Diesen Punkt sollten Sie aber ohnehin mittels der Selbstauskunft überprüfen (siehe Seite 29ff.).

Nicht zulässig sind Fragen, die nicht unmittelbar in Zusammenhang mit dem Mietverhältnis stehen oder schlicht Privatsache sind. Entsprechend steht dem Mietinteressenten hier ein „Recht auf Lüge" zu. Dazu gehören unter anderem Fragen nach

- der Religion,

- der sexuellen Orientierung,

- einer Partei-, Verbands- oder Vereinszugehörigkeit,

- einem Kinderwunsch/einer bestehenden Schwangerschaft,

- Krankheiten,

- dem Musikgeschmack und anderen Vorlieben,

- Vorstellungen hinsichtlich der Wohnungsgestaltung (insbesondere Farbgestaltung der Wände),

- dem Grund für die Beendigung des vorherigen Mietverhältnisses.

Auch die Frage nach dem Alter und der Staatsangehörigkeit ist in diesem Zusammenhang unzulässig, jedoch geht beides aus dem Ausweis hervor, den Sie sich im Rahmen der Selbstauskunft (siehe Seite 29ff.) unbedingt zeigen lassen und gegebenenfalls eine Kopie davon anfertigen sollten. Ebenso unzulässig ist die Frage nach einem laufenden Ermittlungsverfahren oder Vorstrafen – mit einer Ausnahme: Geht es dabei um ein Vergehen mit einem mietrechtlichen Hintergrund, also beispielsweise um einen Einmietbetrug, darf nicht gelogen werden, sofern das Ganze nicht schon mehr als 5 Jahre zurückliegt. Bei der Frage schließlich, ob der Mieter Raucher/Nichtraucher ist und ob er beabsichtigt, ein Tier in der Wohnung zu halten (siehe auch Seite 95ff.), sind sich die Juristen bezüglich der Zulässigkeit uneins.

Achtung: Klären Sie im Gespräch mit dem Interessenten auch gleich wichtige Regelungen wie Tierhaltung, Putz- und Räumpflichten etc. sowie eventuelle Mängel und Besonderheiten. Dann weiß er, worauf er sich gegebenenfalls einlässt, und kann fundierter entscheiden, ob das angebotene Mietobjekt ihn interessiert.

■ Das Allgemeine Gleichbehandlungsgesetz

Das auch als Antidiskriminierungsgesetz bekannte Allgemeine Gleichbehandlungsgesetz (AGG) soll, wie der Name

WICHTIG Auskunftspflicht des Vermieters
Nicht nur der potenzielle Mieter muss bestimmte Fragen wahrheitsgemäß beantworten. Auch Sie als Vermieter trifft eine Auskunftspflicht. Diese umfasst unter anderem Fragen bezüglich

- *der Höhe der Nebenkosten,*

- *erfolgter Mieterhöhungen,*

- *der Wohnfläche,*

- *des Auszugs des Vormieters,*

- *eines geplanten Verkaufs der Mietwohnung.*

schon sagt, verhindern, dass Menschen „aus Gründen der Rasse oder wegen der ethnischen Herkunft, des Geschlechts, der Religion oder Weltanschauung, einer Behinderung, des Alters oder der sexuellen Identität" benachteiligt werden. Und selbstverständlich gilt es auch für den Bereich des Mietrechts, wobei hier in der Regel aber nur eine Benachteiligung aus Gründen der Rasse oder wegen der ethnischen Herkunft in Betracht kommt, da das AGG bei der Vermietung von nicht mehr als 50 Wohnungen zum nicht nur vorübergehenden Gebrauch lediglich eingeschränkt gilt.

Haben Sie als Vermieter dagegen verstoßen, kann der Betroffene Sie verklagen. Er kann zwar nicht verlangen, dass er nachträglich doch noch den Zuschlag für die Wohnung erhält, aber er kann Schadenersatz und Schmerzensgeld fordern. Diese Ansprüche muss er jedoch innerhalb von 2 Monaten geltend machen. Dazu reicht es, dass er Indizien nachweisen kann, also zum Beispiel eine rassistische Bemerkung vor Zeugen oder einen entsprechend formulierten Annoncentext. Denn dann müssen Sie den Beweis führen, dass keine Diskriminierung vorliegt.

Sie werden sich jetzt vielleicht fragen, welche praktischen Auswirkungen das für Sie in der Praxis hat. Vor allem bedeutet es, dass Sie sich zurückhalten sollten – einerseits mit Äußerungen und Fragen, die einen Diskriminierungstatbestand erfüllen könnten, andererseits mit Begründungen, warum Sie einen bestimmten Interessenten abgelehnt haben. Werden Sie danach gefragt,

sollten Sie diesbezüglich generell keine Auskunft geben (Sie sind auch nicht dazu verpflichtet). Eine weitere Auswirkung ist, dass Sie zukünftig alle Unterlagen wie den Annoncentext, Mieterauskünfte und Schriftverkehr bis zum Verstreichen der oben gennanten Ausschlussfrist aufheben sollten. Und ebenfalls ganz wichtig: Sie sollten keine Besichtigung allein durchführen, sondern immer einen Zeugen dabeihaben.

Gut zu wissen: Nicht anwendbar ist das AGG auf Schuldverhältnisse, die ein besonderes Nähe- und Vertrauensverhältnis begründen. Das ist im Bereich Mietrecht zum Beispiel dann der Fall, wenn Sie eine Einliegerwohnung vermieten. Darunter versteht man eine zusätzliche Wohnung, die innerhalb des vom Vermieter selbst bewohnten Einfamilienhauses liegt und gegenüber der Hauptwohnung nur eine untergeordnete Bedeutung hat, oder eine eigenständige Wohnung in einem Zweifamilienhaus, in dem auch Sie als Vermieter wohnen.

▣ Selbstauskunft und Co. – ein notwendiges Übel

Natürlich wird der Mieter nicht gern „die Hosen runterlassen" (im übertragenen Sinne), wenn es um Auskünfte über seine persönliche/finanzielle Situation geht, trotzdem sollten Sie ihn bitten, einen entsprechenden Fragebogen, die sogenannte Selbstauskunft, auszufüllen. Zu groß ist die Gefahr, einem Mietnomaden

aufzusitzen, und zu groß der damit verbundene Schaden. Und unter diesem Gesichtspunkt wird der Mietinteressent letztlich Verständnis für die Maßnahme haben, auch wenn Sie ihn nicht dazu zwingen können. Schöner Nebeneffekt: Eine Falschauskunft lässt sich so ebenfalls leichter belegen.

Muster 2 Selbstauskunft

Mietobjekt

[Anschrift und Lage]

Mietinteressent	**Ehegatte/Mitmieter**
Vorname/Name: ____________	Vorname/Name: ____________
Derzeitige Anschrift: ____________	Derzeitige Anschrift: ____________
Geburtsdatum/-ort: ____________	Geburtsdatum/-ort: ____________
Personalausweisnummer: ____________	Personalausweisnummer: ____________
Familienstand: ____________	Familienstand: ____________
Beruf: ____________	Beruf: ____________
Arbeitgeber (Name und Anschrift): ____________	Arbeitgeber (Name und Anschrift): ____________

Angaben zur Bonität

Monatliches Nettoeinkommen: ____________

Bestehen Ratenzahlungs-/Unterhaltsverpflichtungen? ☐ Ja ☐ Nein

Falls ja, in welcher Höhe? (Monatlicher Betrag): ____________

Bestehen Mietrückstände? ☐ Ja ☐ Nein

Falls ja, in welcher Höhe? ____________

Haben Sie in den letzten 5 Jahren eine eidesstattliche Versicherung über Ihre Vermögensverhältnisse abgegeben? ☐ Ja ☐ Nein

Wurde in den letzten 5 Jahren ein Konkurs- oder Vergleichsverfahren über Ihr Vermögen eröffnet? ☐ Ja ☐ Nein

Wurde in den letzten 5 Jahren eine Räumungsklage/Zwangsvollstreckungsmaßnahme gegen Sie durchgeführt? ☐ Ja ☐ Nein

Weitere Angaben/Versicherungen

Außer mir/uns werden folgenden Personen einziehen (Kinder, Verwandte, Hausangestellte, sonstige Mitbewohner): _____

_____

Haben Sie Haustiere? ☐ Ja ☐ Nein

Wenn ja, welche? _____

Beabsichtigen Sie, die Wohnung gewerblich zu nutzen? ☐ Ja ☐ Nein

Ich versichere/wir versichern, dass die vorstehenden Angaben vollständig und wahrheitsgemäß sind. Es ist mir/uns bekannt, dass unrichtige Angaben den Vermieter dazu berechtigen, den Vertrag anzufechten beziehungsweise zu kündigen.

Ich erkläre mich/wir erklären uns entsprechend § 28 Bundesdatenschutzgesetz mit der Verwendung der abgegebenen Daten für eigene Zwecke des Vermieters einverstanden.

[Falls gewünscht]
Ferner erkläre ich mich/erklären wir uns damit einverstanden, dass der Vermieter mithilfe entsprechender Organisationen/Unternehmen eine Bonitätsprüfung durchführt. Zu diesem Zweck dürfen gegebenenfalls auch meine/unsere persönlichen Daten übermittelt werden.

Der Vermieter erklärt, dass alle Angaben streng vertraulich behandelt werden und insbesondere die Bestimmung des Datenschutzgesetzes zum Schutz personenbezogener Daten beachtet wird.

Darüber hinaus haben Sie aber noch weitere Möglichkeiten, die Bonität eines potenziellen Mieters zu überprüfen. Üblich ist, sich einen Beschäftigungs- und Gehaltsnachweis in Form der letzten drei Gehaltsabrechnungen zeigen zu lassen. (Klären Sie bei Studenten, die über kein regelmäßiges eigenes Einkommen verfügen, ob bei Vertragsabschluss eventuell die Eltern als Mitmieter in Betracht kommen.) Auch eine sogenannte Vorvermieter- oder Mietschuldenfreiheitsbescheinigung erfreut sich zunehmender Beliebtheit. Dabei handelt es sich um eine Bescheinigung des bisherigen Vermieters, dass der Bewerber seine Miete stets pünktlich bezahlt hat und keine Miet-/Nebenkostenrückstände bestehen. Darüber hinaus sind viele Vermieter dazu übergegangen, eine zusätzliche Solvenzprüfung mithilfe der Schufa oder einer anderen Auskunftei beziehungsweise Datenbank (Achtung: Kosten!) vorzunehmen.

Dazu benötigten Sie jedoch das schriftliche Einverständnis des Interessenten. Auch eine Bankauskunft bekommen Sie als Vermieter nur, wenn Ihnen der potenzielle Mieter seine schriftliche Zustimmung erteilt. Eine weitere gute Anlaufstelle ist das Amtsgericht. Hier wird zum einen ein öffentliches Schuldnerverzeichnis geführt, in dem alle Personen verzeichnet sind, die vor dem jeweiligen Amtsgericht die eidesstattliche Versicherung abgegeben haben oder gegen die ein Haftbefehl zur Abgabe der eidesstattlichen Versicherung erlassen worden ist. Zum anderen erhalten Sie hier Auskunft über ein eventuelles Privatinsolvenzverfahren des Interessenten. Und zu guter Letzt besteht natürlich immer die Möglichkeit, sich mit dem derzeitigen Vermieter in Verbindung zu setzen und Informationen einzuholen. Nachdem Sie die aktuelle Adresse des Bewerbers haben, ist es in der Regel kein Problem, jenen ausfindig zu machen.

TIPP Die Sympathiefalle

Neben all den „harten Fakten" der Selbstauskunft und den Erkenntnissen aus dem persönlichen Gespräch gehört immer auch eine Portion Menschenkenntnis dazu, um den richtigen Bewerber für Ihre Wohnung auszuwählen – doch selbst dann haben Sie nie eine Garantie. Allerdings bietet diese Mischung den besten Schutz, den Sie als Vermieter bekommen können. Lassen Sie sich also nicht von dem sympathischen Auftreten des Mietinteressenten oder der rührseligen Geschichte, die er Ihnen auftischt, blenden. Sympathie und Mitgefühl sind gut und schön, taugen aber nicht als Basis für einen Mietvertrag. Betrachten Sie es also lediglich als Sahnehäubchen, wenn Sie mit dem Bewerber auch menschlich auf „einer Wellenlänge liegen" oder mit dem Zuschlag an ihn ein gutes Werk tun.

Achtung: Papier ist geduldig! Prüfen Sie deshalb die Ihnen vorgelegten Unterlagen genau auf inhaltliche Widersprüche und bestehen Sie darauf, dass der potenzielle Mieter Ihnen die Nachweise im Original vorlegt. Eine kurze Internetrecherche kann ebenfalls sehr hilf- und aufschlussreich sein.

Checkliste Mietersuche, Wohnungsbesichtigung und Bewerberauswahl

- Überlegen Sie sich zunächst, welche Anforderungen Ihr zukünftiger Mieter erfüllen sollte und was Sie im Gegenzug zu bieten haben.

- Machen Sie sich bereits im Vorfeld Gedanken über die Miete.

- Nutzen Sie die verschiedenen Möglichkeiten der Mietersuche gezielt je nach Zielgruppe. Weniger ist manchmal mehr.

- Wollen oder müssen Sie die Dienste eines Maklers in Anspruch nehmen, achten Sie auf dessen Seriosität und verschaffen Sie sich Klarheit, wer ihn bezahlen muss.

- Planen Sie ausreichend Zeit für Besichtigungstermine ein und laden Sie nicht alle Interessenten auf einmal ein.

- Wuchern Sie mit Ihren Pfunden und zeigen Sie den Interessenten nicht nur die Wohnräume, sondern auch das Gebäude und die Gemeinschaftsräume.

- Versuchen Sie, im persönlichen Gespräch möglichst viel über Ihren potenziellen neuen Mieter in Erfahrung zu bringen, aber machen Sie kein Verhör daraus. Vergessen Sie insbesondere nicht, auf mögliche Fragen des Interessenten einzugehen.

- Achten Sie darauf, nicht aus Unachtsamkeit gegen das Allgemeine Gleichbehandlungsgesetz zu verstoßen.

- Sichern Sie sich durch eine Selbstauskunft sowie andere Solvenzprüfungen und Nachweise ab.

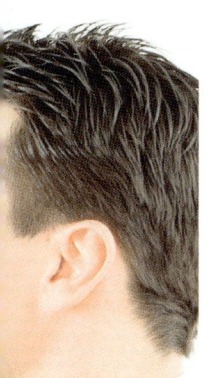

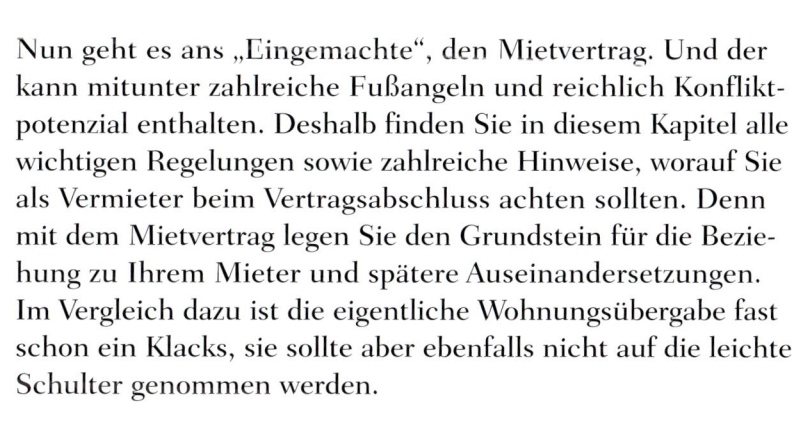

Sie und Ihr Mieter sind sich einig – Mietvertrag und Übergabe

Nun geht es ans „Eingemachte", den Mietvertrag. Und der kann mitunter zahlreiche Fußangeln und reichlich Konflikt-potenzial enthalten. Deshalb finden Sie in diesem Kapitel alle wichtigen Regelungen sowie zahlreiche Hinweise, worauf Sie als Vermieter beim Vertragsabschluss achten sollten. Denn mit dem Mietvertrag legen Sie den Grundstein für die Beziehung zu Ihrem Mieter und spätere Auseinandersetzungen. Im Vergleich dazu ist die eigentliche Wohnungsübergabe fast schon ein Klacks, sie sollte aber ebenfalls nicht auf die leichte Schulter genommen werden.

Der Mietvertrag –
die wichtigsten Typen und Klauseln

Rund 3 Millionen Mietverträge werden pro Jahr abgeschlossen. Und fast alle Vermieter, die nicht gewerblich tätig sind, greifen dabei auf einen der zahlreichen Formularmietverträge zurück, die in jedem einigermaßen gut sortierten Schreibwarengeschäft zu haben sind. Diese tragen oftmals hochtrabende Bezeichnungen wie „Einheitsmietvertrag" und sehen sehr offiziell aus, sind es aber nicht! Sie werden in der Regel von Verlagen oder bestimmten Vereinigungen herausgegeben und entsprechen leider oftmals – gerade die älteren von ihnen – nicht den gesetzlichen Anforderungen. Das führt dazu, dass einzelne Regelungen ihre Gültigkeit verlieren oder schlimmstenfalls sogar der ganze Vertrag unwirksam ist.

Und der Formularmietvertrag hat noch einen weiteren gravierenden Nachteil: Er unterliegt besonderen gesetzlichen Anforderungen, die allesamt zum Ziel haben, dass Sie den Mieter nicht unangemessen benachteiligen. Denn sowohl Gesetzgeber als auch Rechtsprechung sehen Sie in dem Verhältnis Mieter/Vermieter als den stärkeren Part an. Doch ob ein Individualvertrag wirklich die bessere Lösung für Sie als juristischen Laien ist, sei dahingestellt, da die Gerichte an ihn ebenfalls strenge Maßstäbe anlegen. Es reicht bei Weitem nicht aus – wie man irrtümlich vielleicht meinen könnte –, einen Formularvertrag lediglich neu zu tippen und auszudrucken oder mit der Hand zu schreiben. Entscheidend ist vielmehr, dass man erkennen kann, dass die jeweiligen Klauseln individuell ausgehandelt wurden, dass der Mieter in irgendeiner Weise an der Vereinbarung mitgewirkt hat. Keine einfache Aufgabe. Lassen Sie sich daher lieber von einem Fachmann beraten, zum Beispiel von einem Anwalt oder einem Vermieterverband. Das kommt Sie im Ergebnis meist billiger und erspart Ihnen viel Ärger.

Gut zu wissen: Es besteht auch die Möglichkeit, Formularverträge durch Individualvereinbarungen zu ergänzen. Doch auch hier sollten Sie sich fachkundigen Rat holen, denn einige der Vertragsklauseln können durch so eine Ergänzung ihre Gültigkeit verlieren – insbesondere wenn Sie zu viel wollen und sich in alle Richtungen absichern.

Basics – die verschiedenen Vertragstypen

Vermutlich denken Sie beim Thema Mietvertrag – wie wohl die meisten – zunächst an den ganz „normalen" Standardmietvertrag. Der wird auf unbestimmte Zeit geschlossen und kann unter bestimmten Voraussetzungen sowie unter Einhaltung bestimmter Fristen von beiden Seiten gekündigt werden. Eine Mieterhöhung ist dabei grundsätzlich möglich, allerdings nur im gesetzlich festgelegten Rahmen. Dieser sogenannte unbefristete Mietvertrag wird in der Praxis mit Abstand am häufigsten abgeschlossen. Allerdings gibt es auch andere Varianten, die sich in wichtigen Punkten von ihm unterscheiden.

Achtung: Die Meinung, ein Mietvertrag müsse schriftlich abgeschlossen werden, ist zwar weit verbreitet, aber trotzdem falsch. Ein mündlich abgeschlossener Mietvertrag ist ebenso gültig. Für Sie als Vermieter hat das aber in der Regel Nachteile, da Sie getroffene Vereinbarungen im Zweifel nicht oder nur sehr schwer beweisen können. Das hat wiederum zur Folge, dass die mieterfreundlicheren gesetzlichen Bestimmungen zum Tragen kommen. In der Praxis heißt das, dass Ihr Mieter zum Beispiel keine Betriebskosten bezahlen (siehe Seite 45ff.) und auch keine Schönheitsreparaturen durchführen muss (siehe Seite 83ff.), während ein schriftlicher Mietvertrag dies normalerweise vorsieht.

Deshalb sollten Sie Vereinbarungen mit Ihrem Mieter immer schriftlich festhalten. So lassen sich Unstimmigkeiten schnell klären und Missverständnisse von vornherein vermeiden – was letztlich im Sinne beider Seiten ist.

■ Der befristete Mietvertrag

Beim befristeten Mietvertrag, der auch Zeitmietvertrag genannt wird, endet der Mietvertrag automatisch zu dem im Vertrag genannten Termin, ohne dass es einer Kündigung vonseiten des Mieters oder Vermieters bedarf.

Wichtig: Seit der Mietrechtsreform im Jahr 2001 sind nur noch sogenannte qualifizierte Zeitmietverträge erlaubt, bei denen Sie dem Mieter den Grund für die Befristung schriftlich nennen müssen (in der Regel wird er gleich im Vertrag festgehalten, aber zwingend vorgeschrieben ist das nicht). In Betracht kommen:

- Eigenbedarf, das heißt, Sie, ein naher Verwandter oder eine in Ihrem Hausstand lebende Person möchte in die Wohnung einziehen.

- Erhebliche Umbau- und Instandsetzungsmaßnahmen, die durch die Fortsetzung des Mietverhältnisses stark erschwert würden, sowie natürlich der komplette Abriss des Gebäudes.

- Die Vermietung an einen Mitarbeiter oder einen anderen „zur Dienstleistung Verpflichteten", also beispielsweise den Hausmeister.

Zudem müssen Sie die Gründe konkret benennen: Wer genau soll einziehen beziehungsweise was genau soll umgebaut oder saniert werden? Denn nur so hat Ihr Mieter die Möglichkeit, das Vorliegen dieses Grundes bei Fristablauf zu kontrollieren (siehe unten). Und damit es bezüglich der Befristung und des Befristungsgrundes später nicht zu „Missverständnissen" kommt, muss ein Zeitmietvertrag immer schriftlich abgeschlossen werden. Wird die Schriftform nicht eingehalten, bleibt der Vertrag zwar bestehen, gilt aber als unbefristet.

Möchte Ihr Mieter nach Ablauf der vereinbarten Mietzeit eigentlich doch ganz gern bleiben, muss er aktiv werden und sich bei Ihnen erkundigen, ob der Kündigungsgrund nach wie vor besteht. Denn haben sich Ihre Pläne zerschlagen oder verzögern sie sich, hat er ein Recht darauf, dass der Mietvertrag fortgesetzt wird – im ersten Fall unbefristet, im zweiten bis der Kündigungsgrund tatsächlich eintritt.

Ist der angegebene Grund nicht entfallen und ändert sich auch am Termin nichts (Sie müssen das im Zweifel natürlich belegen können), bleibt dem Mieter allerdings nichts anderes übrig, als zu packen und die Wohnung vereinbarungsgemäß zu räumen. Er kann eine solche Anfrage frühestens 4 Monate vor Ablauf der Frist stellen, die Sie innerhalb von 4 Wochen beantworten müssen. Tun Sie das nicht, verlängert sich das Mietverhältnis entsprechend.

Wichtig: Während der vereinbarten Mietdauer können weder Sie noch Ihr Mieter den Vertrag kündigen, es sei denn, es handelt sich um eine fristlose Kündigung (siehe Seite 138ff.).

■ Der Staffelmietvertrag

Da ein Mieterhöhungsverlangen nicht einfach so ausgesprochen werden kann, sondern begründet werden muss und darüber hinaus zahlreichen Formvorschriften zu beachten sind (siehe Seite 118ff.), entscheidet sich so mancher Vermieter für den einfacheren Weg und bietet seinem Mieter einen sogenannten Staffelmietvertrag an. Dabei kann es sich sowohl um einen befristeten als auch einen unbefristeten Mietvertrag handeln, der jedoch eine besondere Vereinbarung hinsichtlich der Miethöhe beinhaltet. Darin ist festgelegt, dass sich die Miete zu bestimmten Zeitpunkten automatisch erhöht, ohne dass hierfür ein besonderes Verfahren notwendig ist. Eine solche Staffelmietvereinbarung ist zulässig, sofern dabei einige Formvorschriften eingehalten werden:

- Zwischen den Erhöhungen muss mindestens ein Zeitraum von 1 Jahr liegen, das heißt, die Miete muss mindestens 1 Jahr unverändert bleiben.

- Der Zeitpunkt der Mieterhöhung muss genau benannt und die Erhöhung beziehungsweise die neue Miete

TIPP Neuer Grund nicht zulässig
Ist der eigentliche Kündigungsgrund entfallen, können Sie am Ende der Mietzeit keinen neuen „nachschieben". Wollten Sie also beispielsweise die Wohnung nach dem Auszug des Mieters ursprünglich aufwendig sanieren, können Sie nach Ablauf der Frist keinen Eigenbedarf geltend machen, auch wenn das ebenfalls ein legitimer Befristungsgrund ist. Es bleibt Ihnen jedoch unbenommen, dem Mieter deswegen ordentlich zu kündigen (siehe Seite 134ff.). Eine nur geringfügige Änderung des Grundes – beispielsweise soll nun nicht mehr Ihr Sohn, sondern Ihre mittlerweile allein lebende Mutter einziehen – muss Ihr Mieter hingegen akzeptieren.

in Euro angegeben werden. Statt „Die Miete erhöht sich jedes Jahr um 5 Prozent" muss es also heißen: „Die Miete erhöht sich zum 1. Januar 2012 auf 420 Euro, zum 1. Januar 2013 auf 440 Euro, zum 1. Januar 2014 auf 460 Euro ..."

- Die Vereinbarung muss schriftlich abgeschlossen werden.

Wird gegen einen oder mehrere dieser Punkte verstoßen, ist die Staffelmietvereinbarung ungültig, was zur Folge hat, dass der Mieter die Erhöhung(en) nicht bezahlen muss. Ebenfalls nicht bezahlen muss er, wenn es durch die Erhöhung zu einer Mietpreisüberhöhung kommt (siehe Seite 45). Wichtig: An die sogenannte Kappungsgrenze müssen Sie sich bei einem Staffelmietvertrag nicht halten (siehe Seite 125).

Was die Kündigung eines Staffelmietvertrages angeht, muss zwischen einem befristeten und einem unbefristeten Vertrag unterschieden werden. Wird ein Staffelmietvertrag unbefristet abgeschlossen, können sowohl Sie als auch der Mieter im Rahmen der gesetzlichen Vorschriften kündigen (siehe Seite 130ff.). Wird eine zeitliche Befristung vereinbart, können weder Sie noch er innerhalb dieses Zeitraums kündigen, es sei denn, es bestehen Gründe zur fristlosen Kündigung (siehe Seite 138ff.).

Nach 4 Jahren steht Ihrem Mieter aber auf jeden Fall ein Sonderkündigungsrecht zu – selbst wenn ein längerer Kündigungsausschluss vereinbart wurde –, wobei die gesetzlichen Kündigungsfristen einzuhalten sind.

Der Vorteil eines Staffelmietvertrags für Sie als Vermieter ist, dass die Miete regelmäßig und ohne weitere Formalitäten steigt – meist sogar schneller, als das bei „normalen" Mieterhöhungen möglich wäre. Ihr Mieter wird sich daher nur dann auf eine Staffelmietvereinbarung einlassen, wenn sie einigermaßen moderate Mietsteigerungen vorsieht. Achtung: Eine Mieterhöhung bis zur ortsüblichen Vergleichsmiete und wegen Modernisierung ist während der Laufzeit unzulässig.

■ Die Indexmiete

Ähnlich wie die Staffelmiete funktioniert auch die Indexmiete – mit dem Unterschied, dass hierbei kein fester Betrag vereinbart wird, sondern die Erhöhung an den Preisindex für die Lebenshaltung aller privaten Haushalte in Deutschland gekoppelt ist. Steigt dieser vom Statistischen Bundesamt (www.destatis.de) ermittelte Index an, erhöht sich die Miete entsprechend. Wie auch bei der Staffelmietvereinbarung muss die Miete zwischen den Erhöhungen jeweils mindestens 1 Jahr unverändert bleiben und es dürfen – mit wenigen Ausnahmen – keine weiteren Mieterhöhungen stattfinden.

Ein wichtiger Unterschied ist, dass die Erhöhung bei der Indexmiete erst dann wirksam wird, wenn Sie sie schriftlich geltend machen und Ihrem Mieter sowohl die eingetretene Änderung des Preisindexes als auch die daraus resultierende neue Miete mitteilen. Diese ist dann mit Beginn des übernächsten Monats nach Zugang der Erklärung zu zahlen.

Wichtig: Waren vor der Mietrechtsreform 2001 auch andere Bezugsgrößen zulässig, darf die Miete bei neuen Verträgen nur noch an den Lebenshaltungsindex gekoppelt werden.

Die Indexmiete findet man in der Praxis eher selten, denn lange Zeit stiegen die Mieten in Deutschland schneller als die allgemeinen Lebenshaltungskosten, weshalb sie für Vermieter uninteressant war. Inzwischen hat sich das nicht zuletzt aufgrund der rasant steigenden Energiekosten deutlich verändert – mit der Folge, dass die Indexmiete heute für den Mieter in der Regel eher nachteilig ist und er sich sehr genau überlegen wird, ob er sich auf einen solchen Vertrag einlassen soll.

Was unbedingt im Vertrag stehen sollte

Die meisten Verträge enthalten Dutzende von Regelungen, aber um wirksam zu werden, sind eigentlich nur Angaben zu den folgenden vier Punkten notwendig:

- Name und Anschrift des Mieters sowie des Vermieters

- Bezeichnung des Mietgegenstands

- Beginn des Mietverhältnisses

- Höhe der Miete und der Nebenkosten

■ Mieter und Vermieter

Der erste Punkt, auf den Sie beim Mietvertrag achten sollten, sind die Vertragsparteien. Diese werden in der Regel gleich zu Anfang im sogenannten Rubrum erwähnt. Wichtig ist, dass alle Beteiligten, also sowohl Vermieter als auch Mieter, klar benannt werden, am besten mit Vor- und Nachnamen sowie aktueller Adresse. Sind auf Mieter- (Ehepaare, Lebensgemeinschaften) und/oder Vermieterseite (Miteigentümer, Erbengemeinschaften) mehrere Personen involviert, sollten alle im Vertrag genannt werden – und diesen natürlich auch alle unterschreiben. Denn nur wer im Mietvertrag steht, wird auch tatsächlich Mieter beziehungsweise Vermieter mit allen damit verbundenen Rechten und Pflichten. Ausschlaggebend ist dabei die Unterschrift. Unterschreibt ein Beteiligter, der nicht im Rubrum steht, wird er trotzdem Mieter/Vermieter. Umgekehrt ist das nicht der Fall.

Natürlich können sich die Vertragsparteien bei Abschluss des Mietvertrages auch vertreten lassen. Diese Tatsache sollte ebenfalls festgehalten und durch ein „i.V." bei der Unterschrift kenntlich gemacht werden. Eine juristische Person muss durch eine natürliche Person vertreten werden, die dazu befugt ist.

Handelt es sich bei dem Mieter um eine Wohngemeinschaft (WG), ist die Sache ein wenig kniffeliger. Denkbar ist, dass nur ein Mitglied der WG den Vertrag unterschreibt und damit Mieter wird. Dieser ist dann allein für die Mietzahlung an Sie verantwortlich und nur er kann das Mietverhältnis beenden. Alle anderen Bewohner werden durch entsprechende Verträge mit ihm Untermieter (siehe Seite 92ff.). Damit das in der Praxis ohne Schwierigkeiten funktioniert, sind einige zusätzliche Regelungen sinnvoll. So sollten Sie dem Mieter ausdrücklich das Recht zur Untervermietung (gegebenenfalls in Absprache mit Ihnen)

einräumen. Weiterhin wichtig ist eine Vereinbarung, dass bei einer Kündigung des Hauptmieters das Mietverhältnis mit den Untermietern fortgesetzt wird. Denn ansonsten müssen bei seinem Auszug auch alle anderen Mitglieder der WG die Wohnung räumen.

Eine andere Möglichkeit ist, dass alle Mitglieder der WG Mieter werden. Das hat jedoch zur Folge, dass nur alle gemeinsam eine Kündigung aussprechen können, nicht aber einzelne Mitglieder. Auch hier hilft eine entsprechende Zusatzvereinbarung, die den Austausch einzelner WG-Mitglieder gestattet.

TIPP Tod des Mieters

Stirbt der Mieter, sieht das Gesetz folgende Regelung vor: Ehegatten, eingetragene Lebenspartner, Kinder sowie andere Familienangehörige und Personen, die mit dem Mieter einen gemeinsamen – bei Letzteren zudem einen auf Dauer angelegten – Haushalt geführt haben, treten automatisch in den Vertrag ein, sofern sie das nicht von sich aus ablehnen. Für Mitglieder von reinen Wohngemeinschaften gilt dieses Recht dagegen nicht.

■ Lage und Ausstattung

Das zu vermietende Objekt sollte möglichst genau beschrieben werden, damit es eindeutig dem Vertrag zugeordnet werden kann. Dazu sind neben der Anschrift gegebenenfalls auch Angaben zur Lage, zum Beispiel „Wohnung Nr. 32, 1. OG links", sowie die Anzahl der vermieteten Räume sinnvoll. Gehört zu der

vermieteten Wohnung ein Keller- beziehungsweise Speicherabteil, ein Hobbyraum oder ein Garten(anteil), dann sollte das ebenfalls festgehalten werden – genauso wie Gemeinschaftsräume, die der Mieter nutzen kann (Wasch- und Trockenräume, Fahrradkeller etc.), und mitvermietete Einrichtungsgegenstände

(Einbauküche, Einbauschränke ...). Wird für einen eventuellen Stellplatz/eine Garage kein separater Vertrag abgeschlossen, ist sie Teil des Wohnraummietvertrags und sollte dort entsprechend vermerkt werden. Vermieten Sie ein komplettes Haus, können Sie sich an dieser Stelle etwas Schreibarbeit sparen, da hierbei grundsätzlich alle Räume zum Mietgegenstand gehören. Gut zu wissen: Werden im Vertrag Wasch- und Trockenräume oder eine Einbauküche explizit aufgeführt beziehungsweise mitvermietet, trifft Sie auch hierfür eine sogenannte Erhaltungspflicht. Das heißt, Sie müssen dafür sorgen, dass sich die Räume und Geräte in einem ordnungsgemäßen Zustand befinden, und gegebenenfalls für Reparatur beziehungsweise Ersatz sorgen. Allerdings können Sie diese Erhaltungspflicht mithilfe einer entsprechenden Vereinbarung ausschließen. Diese kann zum Beispiel so aussehen: „Die vorhandene Einbauküche ist nicht Gegenstand des Mietvertrags, sondern wird nur freiwillig zur Nutzung überlassen. Für die Gebrauchstauglichkeit steht der Vermieter nicht ein."

Angaben zur Größe der Wohnung sind nicht erforderlich, aber in Hinblick auf spätere Mieterhöhungen und die Abrechnung der Nebenkosten (sofern eine monatliche Vorauszahlung vereinbart wird) sinnvoll. Dabei darf die vereinbarte Wohnfläche – selbst bei einer Zirka-Angabe – nicht mehr als 10 Prozent von der tatsächlichen Fläche abweichen.

Andernfalls kann diese ein entsprechendes Minderungsrecht zur Folge haben (siehe Seite 77ff.).

Normalerweise enthält dieser Vertragspassus auch eine Aussage darüber, zu welchen Zwecken das Mietobjekt genutzt werden darf. Und sofern es sich nicht um eine Gewerbeimmobilie handelt (für die zum Teil abweichende Regelungen gelten), ist hier eine Beschränkung zu Wohnzwecken erforderlich – was jedoch nicht heißt, dass Ihr Mieter sich als Lehrer, Außendienstmitarbeiter, Schriftsteller oder Telearbeiter dort nicht auch ein Büro einrichten darf, um seiner Arbeit nachzugehen. Ist er selbstständig oder freiberuflich tätig, müssen Sie auch das dulden, sofern er keine Angestellten und kaum Kundenverkehr hat. Tritt seine geschäftliche Tätigkeit jedoch mehr als nur geringfügig nach außen in Erscheinung, können Sie ihn deswegen abmahnen und gegebenenfalls sogar kündigen.

■ Mietbeginn und Mietzeit

Wann das Mietverhältnis beginnt, können Sie und Ihr Mieter frei vereinbaren – bereits am nächsten Tag, zum nächsten Ersten, in einem Vierteljahr ... In der Regel wird der Mietbeginn auf den Monatsanfang gelegt, weil das die Berechnung von Fristen etc. vereinfacht, doch generell ist auch jedes andere Datum denkbar.

Während die explizite Festlegung des Mietbeginns zwingend notwendig ist – am besten als konkretes Datum, also beispielsweise der 1.10.2011 –, muss zur Mietdauer beziehungsweise zum Mietende nur dann etwas vermerkt werden, wenn der Vertrag befristet abgeschlossen wird (siehe Seite 38f.). In allen anderen Fällen läuft er so lange, bis eine der Vertragsparteien ihn kündigt.

Achtung: Der Mietvertrag ist erst bindend, wenn ihn beide Seiten unterschrieben haben. Bis dahin kann Ihr Mieter jederzeit noch abspringen. Verlieren Sie also so wenig wie möglich Zeit und bringen Sie den Mietvertrag zügig unter Dach und Fach. Für den Fall des Falles empfiehlt es sich, die Kontaktdaten der anderen Interessenten, die in die engere Wahl gekommen sind, noch zur Hand zu haben.

TIPP Mietvorvertrag

Sind Sie und Ihr Mieter grundsätzlich einig, dass Sie Vertragspartner werden möchten, ohne dass Sie sich auf einen konkreten Mietvertrag einigen können, besteht stattdessen die Möglichkeit, einen sogenannten Mietvorvertrag abzuschließen. Das ist häufig bei Neubauten der Fall, die bei Vertragsverhandlung noch nicht fertiggestellt sind, oder wenn noch abschließende Punkte ausgehandelt werden müssen. Mit einem solchen Vorvertrag verpflichten sich die Vertragspartner, einen endgültigen Mietvertrag abzuschließen, sobald alle Hindernisse beseitigt beziehungsweise alle Punkte geklärt sind. Achtung: Ein solcher Vorvertrag ist bindend. Weigern Sie sich, kann der Mieter Ihre Unterschrift notfalls einklagen und Sie machen sich darüber hinaus schadenersatzpflichtig. Aus Beweisgründen sollte der Mietvorvertrag genau wie der eigentliche Mietvertrag immer schriftlich abgeschlossen werden und so viele Details wie zu diesem Zeitpunkt möglich enthalten. Dazu gehört neben der Lage und Größe der Wohnung, der Miethöhe oder dem Einzugstermin auch die Ausstattung (vor allem bei Neubauten).

■ Miete und Nebenkosten

Auch die Höhe der Miete kann im Grunde frei zwischen Ihnen und Ihrem Mieter ausgehandelt werden, sofern es sich nicht um eine Sozialwohnung handelt. Allerdings hat der Gesetzgeber zum Schutz des Mieters eine Obergrenze festgelegt: Bei einem geringen Angebot an vergleichbaren Wohnungen darf die ortsübliche Vergleichsmiete maximal um 20 Prozent überschritten werden, in Ausnahmefällen – wenn Sie das Geld zur Deckung der laufenden Kosten benötigen – auch bis zu 50 Prozent. Liegt die vereinbarte Miete über dieser Grenze, machen Sie sich einer Ordnungswidrigkeit schuldig, der sogenannten Mietpreisüberhöhung. Ein solcher Verstoß kann mit einem Bußgeld von bis zu 100.000 Euro bestraft werden.

Wird die ortsübliche Vergleichsmiete um mehr als 50 Prozent überschritten und haben Sie dabei eine Zwangslage, die Unerfahrenheit, den Mangel an Urteilsvermögen oder eine erhebliche Willensschwäche des Mieters ausgenutzt, spricht der Jurist von Mietwucher. Hierbei handelt es sich um eine Straftat, die mit einer Freiheitsstrafe von bis zu 3 Jahren geahndet wird. Sowohl bei der Mietpreisüberhöhung als auch dem Mietwucher ist der Mieter berechtigt, die Miete um den überhöhten Teil zu kürzen beziehungsweise zu viel bezahlte Beträge zurückzufordern.

Wichtig ist beim Thema Miete darüber hinaus die Unterscheidung folgender Begriffe:

- Nettomiete/Nettokaltmiete: Dabei handelt es sich um das bloße Entgelt für die Überlassung der Mietsache. In diesem Betrag sind keinerlei Nebenkosten enthalten.

- Bruttomiete/Bruttokaltmiete: Die Bruttomiete umfasst die Nettomiete sowie die sogenannten „kalten Nebenkosten", also sämtliche Nebenkosten mit Ausnahme von Heizung und Warmwasser. Das hängt damit zusammen, dass die Kosten hierfür zwingend nach dem Verbrauch abgerechnet werden müssen. (Ausnahme: In dem fraglichen Gebäude befinden sich lediglich zwei Wohnungen, von denen Sie eine selbst bewohnen.)

Fällig wird die Miete jeweils am Monatsanfang, also im Voraus, spätestens jedoch bis zum dritten Werktag. Zwar enthielten viele Mietverträge auch früher schon eine solche Klausel, heute ist diese Vorgabe aber gesetzlich festgelegt. Durch eine entsprechende Vereinbarung kann der Zahlungstermin allerdings auch nach hinten verschoben werden. Zusätzlich kann festgelegt werden, ob für die Pünktlichkeit der Zahlungsauftrag oder der Zahlungseingang maßgeblich ist.

Bei Ersterem reicht es, wenn der Mieter das Geld bis zum dritten Werktag überweist, bei Letzterem muss das Geld am dritten Werktag bereits gutgeschrieben sein. Gut zu wissen: Gegen ständige Verspätungen können Sie sich – nach vorheriger Abmahnung – mit einer fristlosen Kündigung zur Wehr setzen.

Sofern Sie keine Bruttomiete vereinbart haben, kommen zur Nettomiete noch die Nebenkosten in Form einer Vorauszahlung oder Pauschale hinzu, die streng genommen eigentlich Betriebskosten heißen und im Vertrag auch als solche bezeichnet werden müssen. Über die Vorauszahlungen müssen Sie einmal im Jahr abrechnen. Dabei ergibt sich je nach Verbrauch und tatsächlich angefallenen Kosten entweder eine Rück- oder eine Nachzahlung (siehe Seite 104ff.). Unabhängig von den tatsächlichen Kosten ist hingegen die Pauschale. Mit ihr sind alle Ansprüche abgegolten. Eine Abrechnung erfolgt nicht.

TIPP Pauschale oder Vorauszahlung?
Bei einer Pauschale haben Sie den Vorteil, dass Sie sich die lästige Abrechnerei sparen. Wie viel Ihnen das wert ist, müssen Sie sich überlegen, denn der Mieter wird sich in der Regel nur dann auf eine Pauschale einlassen, wenn Sie keine allzu großzügigen Puffer einplanen. Immerhin hat er bei der Vorauszahlung die Chance, sich durch entsprechendes Verhalten etwas von seinem Geld zurückzuholen.

Des Weiteren wird noch eine Vorauszahlung für die Heiz- und Warmwasserkosten fällig, sofern diese nicht bereits in der Betriebskostenvorauszahlung enthalten sind oder der Mieter selbst einen Vertrag mit einem entsprechenden Versorgungsunternehmen abgeschlossen habt (was aber eher die Ausnahme darstellt, da die meisten Häuser mittlerweile über eine zentrale Heizungsanlage verfügen). Über diese Vorauszahlung müssen Sie – wie bereits angedeutet – auf jeden Fall abrechnen (siehe Seite 114ff.). Das heißt, die Kosten für Heizung und Warmwasser dürfen nicht in der Miete enthalten sein und nicht als Pauschale bezahlt werden.

Wichtig: Sie dürfen die Betriebs- beziehungsweise Nebenkosten nur dann auf Ihren Mieter umlegen, wenn das explizit im Mietvertrag festgelegt ist. Listen Sie dazu die einzelnen Nebenkosten entweder im Vertrag auf oder verweisen Sie auf die Betriebskostenverordnung, womit die Umlage aller rechtlich zulässigen Nebenkosten vereinbart wird. Gehen Sie dabei sorgfältig vor, denn Nebenkosten, die Sie vergessen, muss Ihr Mieter später nicht bezahlen – ebenso wie die berühmt-berüchtigten „sonstigen Nebenkosten", sofern diese nicht ebenfalls genau benannt werden (zum Beispiel „Kosten für den Müllschlucker", „Kosten für die Dachrinnenreinigung", „Betriebskosten für das gemeinschaftliche Schwimmbad" ...). Neu eingeführte Nebenkosten wie eine nachträglich abgeschlossene Sachversicherung oder bisher nicht erhobene öffentliche Abgaben sind nur dann umlegbar, wenn die Kosten im Katalog der Betriebskostenverordnung enthalten sind und der Mietvertrag eine entsprechende Klausel enthält. Diese kann beispielsweise lauten: „Neu entstehende oder eingeführte Betriebskosten können vom Vermieter im Rahmen der gesetzlichen Vorschriften umgelegt und angemessene Vorauszahlungen festgesetzt werden." Enthält der Mietvertrag keine Vereinbarung bezüglich der Fälligkeit der monatlichen Vorauszahlungen, sind diese automatisch zusammen mit der Miete fällig.

Weitere Regelungsmöglichkeiten, die Sie als Vermieter kennen sollten

Zusätzlich zu diesen vier Punkten, die unbedingt notwendig sind, enthält der „Durchschnittsvertrag" zahlreiche weitere Vereinbarungen. Die wichtigsten von ihnen werden im Folgenden erläutert, damit Sie fundiert entscheiden können, ob Sie die jeweilige Klausel in den Vertrag aufnehmen wollen oder nicht. Manche von ihnen sind generell unwirksam oder nur unter bestimmten Bedingungen zulässig. Auch das ist gut zu wissen.

◼ Die Kaution

Die Kaution dient Ihnen als Sicherheit für den Fall, dass Ihr Mieter die Mietsache beschädigt, die Miete nicht bezahlt oder anderen vertraglichen Pflichten – wie beispielsweise der Durchführung von Schönheitsreparaturen (siehe Seite 83ff.) – nicht nachkommt. Und auch wenn heute fast immer die Zahlung einer Kaution vereinbart wird, handelt es sich dabei um kein Muss. Enthält der Vertrag diesbezüglich keine Regelung, ist der Mieter auch nicht verpflichtet, eine Kaution zu stellen – aber wie gesagt, das ist die absolute Ausnahme.

Die Höhe der Kaution, ist grundsätzlich frei verhandelbar, jedoch darf sie drei Nettomieten nicht übersteigen. Da es sich dabei in der Regel um eine erkleckliche Summe handelt, hat der Mieter die Möglichkeit, diese in 3 gleichen Monatsraten zu bezahlen, auch wenn der Vertrag dies nicht explizit vorsieht. Die erste Teilzahlung ist – genau wie die Kaution an sich – mit Mietbeginn fällig. Gut zu wissen: Sie dürfen dieses Recht auf Ratenzahlung weder vertraglich ausschließen noch die Wohnungsübergabe von der vollständigen Zahlung der Kaution abhängig machen. Der Kautionsanspruch verjährt zudem. Fordern Sie die Kaution nicht innerhalb von 3 Jahren ein, ist der Mieter nicht mehr zur Zahlung verpflichtet.

Üblich ist eine sogenannte Barkaution. Das heißt, der Mieter bezahlt den Kautionsbetrag entweder bar oder überweist ihn auf Ihr Konto. Allerdings ist das nicht die einzige Möglichkeit. Ebenso denkbar ist eine Bankbürgschaft oder ein verpfändetes Sparbuch. Bei Ersterer verpflichtet sich die Bank, offene Forderungen des Vermieters gegebenenfalls bis zu einer bestimmten Summe zu begleichen, bei Letzterem legt der Mieter ein Sparbuch auf seinen Namen mit dem Kautionsbetrag an und übergibt es Ihnen zusammen mit einer Verpfändungserklärung. Die Verpfändung eines auf den Namen des Mieters lautenden Sparbuchs ist allerdings insofern keine gute Alternative, weil es sein Geld bleibt und Sie nicht so ohne Weiteres darauf zugreifen können – insbesondere wenn vereinbart wird, dass Sie nur gemeinsam mit dem Mieter über das Sparbuch verfügen können oder Sie ihn rechtzeitig vor jeder Abhebung informieren müssen. Es kann Sie jedoch niemand zwingen, sich darauf einzulassen, denn ein Bestimmungsrecht hat der Mieter nicht.

Im Falle einer Barkaution sind Sie verpflichtet, das Geld a) getrennt von Ihrem Vermögen und b) zu einem für Spareinlagen mit dreimonatiger Kündigungsfrist üblichen Zinssatz anzulegen. Seit Inkrafttreten der Mietrechtsreform können aber auch andere Anlageformen gewählt werden, zum Beispiel Aktien, Festgelder, Bundesschatz- und Pfandbriefe sowie Anteile an einem Investmentfonds, was jedoch ausdrücklich vereinbart werden muss. Hier winken höhere Zinsen, aber mitunter auch ein deutlich höheres Risiko – und das tragen sowohl Ihr Mieter als auch Sie, denn er kann keinen Ersatz für eventuell erlittene Verluste verlangen und Sie können im Verlustfall nicht verlangen, dass er die Kaution wieder auf die ursprüngliche Summe auffüllt. Überlegen Sie also gut, ob Sie nicht doch lieber beim guten alten Sparbuch bleiben oder zumindest eine sehr konservative, sprich risikoarme Anlageform vereinbaren. Die erwirtschafteten Zinsen stehen selbstverständlich dem Mieter zu und werden dem Kautionsbetrag zugeschlagen. Wichtig: Regelungen, die festlegen, dass die Kaution nicht verzinst werden oder nicht separat angelegt werden muss, sind nichtig.

WICHTIG Getrennte Konten

Da die Trennung der Kaution von Ihrem Privatvermögen der Sicherheit des Mieters dient (zum Beispiel im Falle Ihrer Zahlungsunfähigkeit), kann er von Ihnen einen Nachweis darüber verlangen, ob Sie das Geld den gesetzlichen Vorschriften entsprechend auf einem gesonderten Konto angelegt haben. Tun Sie das nicht, kann er die Miete bis zur Höhe der vereinbarten Kaution zurückbehalten – jedoch nur so lange, bis Sie den Nachweis erbracht haben.

Die Kaution inklusive aller Zinsen und Zinseszinsen müssen Sie am Ende des Mietverhältnisses an den Mieter auszahlen. Allerdings haben Sie das Recht, zu prüfen, ob Sie noch Ansprüche gegen ihn haben – und dazu muss er Ihnen eine angemessene Frist einräumen. Was „angemessen" in diesem Zusammenhang bedeutet, ist umstritten, mehr als 6 Monate dürfen es jedoch nur in begründeten Ausnahmefällen sein. Übrigens: Liegt die Nebenkostenabrechnung bis zu diesem Zeitpunkt noch nicht vor, dürfen Sie lediglich einen Teil der Kaution zurückbehalten, welcher der zu erwartenden Nachzahlung entspricht. Den Rest müssen Sie an Ihren Mieter zurückgeben.

■ Instandhaltung und Instandsetzung

Sowohl die Instandhaltung, also alle Maßnahmen, die dazu dienen, den ordnungsgemäßen Zustand des Mietobjekts zu erhalten, als auch die Instandsetzung, der Austausch von beschädigten oder zerstörten Geräten und Gegenständen, sind grundsätzlich Sache des Vermieters. Ist also beispielsweise ein Fenster undicht, die Toilette verstopft oder ein Heizkörper defekt, müssen Sie dafür sorgen, dass der Schaden behoben wird, und die Kosten dafür tragen.

Zur Instandhaltung gehören auch – was viele nicht wissen – die sogenannten Schönheitsreparaturen. Allerdings können Sie im Mietvertrag vereinbaren, dass diese sowie kleinere Reparaturen vom Mieter zu tragen sind. Darüber hinaus können Sie bestimmte Gegenstände und Einbauten von der Instandhaltungs- und Instandsetzungspflicht ausnehmen. Allerdings sind solche Klauseln nur dann gültig, wenn sie entsprechend formuliert sind und der Mieter dadurch nicht unangemessen benachteiligt wird. Mehr Infos dazu finden Sie auf Seite 43 beziehungsweise ab Seite 82.

Übrigens: Vereinbarungen, die das Recht Ihres Mieters auf Mietminderung bei Mängeln einschränken, sind generell unwirksam. Das gilt auch für Regelungen, die besagen, dass er eine Modernisierung in jedem Fall zu akzeptieren hat (siehe Seite 89f.).

■ Kündigungsschutz und Kündigungsfristen

Klauseln zu diesen beiden Punkten, die von den gesetzlichen Bestimmungen (siehe Seite 130ff.) abweichen, sind nur dann zulässig, wenn sie nicht zulasten des Mieters gehen. Der Vertrag darf also beispielsweise keine kürzeren Kündigungsfristen für Sie beziehungsweise längere für Ihren Mieter vorsehen, längere beziehungsweise kürzere dagegen schon. Zudem darf er Ihnen keine Kündigungsgründe einräumen, die über die gesetzlichen hinausgehen, oder das Widerspruchsrecht des Mieters gegen eine Kündigung ausschließen. Auch Formvorschriften, die ihm die Kündigung erschweren, sind nicht zulässig. So dürfen Sie beispielsweise nicht fordern, dass eine Kündigung per Einschreiben verschickt werden muss.

Möglich ist jedoch, für eine bestimmte Zeit auf das Recht zur ordentlichen Kündigung zu verzichten. Ein solcher Kündigungsverzicht sollte allerdings immer beidseitig erfolgen und auf maximal 4 Jahre beschränkt sein. Zwar ist auch ein einseitiger Mieterverzicht ohne zeitliche Beschränkung grundsätzlich zulässig, da aber eine solche Vereinbarung eigentlich nicht in seinem Sinne sein kann, hat der Gesetzgeber für ihre Gültigkeit hohe Hürden vorgegeben. Ein einseitiger Vermieterverzicht ist – da er für den Mieter keine Benachteiligung darstellt – hingegen immer wirksam.

■ Untervermietung

Die Untervermietung, also die entgeltliche oder auch unentgeltliche Überlassung von Teilen oder des ganzen Mietobjekts an Dritte, wird von den meisten Vermietern nicht gern gesehen. Gänzlich ausschließen können Sie sie deswegen aber nicht. Selbst wenn Ihr Mietvertrag eine entsprechende Verbotsklausel enthält, gelten trotzdem die ab Seite 92 beschriebenen Regeln.

■ Treppenhausreinigung und Winterdienst

Wie bei der Instandsetzung und Instandhaltung gilt auch hier: Die Reinigung von Treppe und Hausflur sowie das Räumen und Streuen des Gehwegs sind zunächst einmal allein Ihre Sache. Und nur wenn der Mietvertrag eine entsprechende Vereinbarung enthält, muss Ihr Mieter diese Tätigkeiten übernehmen. Enthält weder der Mietvertrag noch die Hausordnung nähere Details und gibt es keinen Putzplan, sind die Reinigungsarbeiten im wöchentlichen Wechsel mit den anderen Mietern durchzuführen. Der „Zuständigkeitsbereich" Ihres Mieters erstreckt sich dabei gewöhnlich auf den Treppenhausabschnitt, der überhalb und unterhalb seines Stockwerks liegt. Gut zu wissen: An welchem Tag und zu welcher Uhrzeit er putzt, ist allein seine Entscheidung. Diesbezügliche Vorschriften sind unzulässig. Fährt er längere Zeit in Urlaub oder ist krank, muss er für eine Vertretung sorgen.

Bezüglich des Winterdienstes gelten in erster Linie die Vorschriften der jeweiligen Straßenreinigungssatzung sowie gegebenenfalls die mietvertraglichen Regelungen beziehungsweise die Hausordnung. Im Allgemeinen aber sind der Bürgersteig, der Hauseingang und – sofern vorhanden – der Weg zu den Mülltonnen oder zum Parkplatz zu räumen und zu streuen. Achtung: Hält Ihr Mieter sich nicht an die im Mietvertrag vereinbarte Räum- und Streupflicht, kann er im Schadensfall unter Umständen haftbar gemacht werden.

■ Tierhaltung

Diesem Punkt, der oft für Streitigkeiten sorgt, widmen wir uns ausführlich ab Seite 95. An dieser Stelle sei nur gesagt, dass Sie zwar grundsätzlich Regelungen zur Tierhaltung aufstellen dürfen, diese aber nicht generell verbieten können.

■ Rauchen

Sehr viel eindeutiger als die Tierhaltung ist das Thema Rauchen geregelt: Sowohl in der Wohnung – dem Zentrum der Lebensgestaltung – als auch auf dem Balkon darf geraucht werden (LG Köln 9 S 188/98; LG Paderborn 1 S 2/00; AG Wennigsen 9 C 156/01). Auch das Rauchen am geöffneten Fenster ist gestattet, selbst wenn die Bewohner der darüber liegenden Wohnung sich dadurch gestört fühlen (AG Hamburg 102 e II 368/00). Ein Rauchverbot ist nur für Gemeinschaftsräume (Waschküche, Aufzug, Treppenhaus etc.) zulässig. Gut zu wissen: Für die Rechtsprechung gehört das Rauchen zum vertragsmäßigen Gebrauch, weshalb Sie bei Auszug keine Schadenersatzansprüche aufgrund von Nikotinablagerungen auf Wänden etc. geltend machen können (siehe Seite 142). Nur wenn so stark geraucht wurde, dass es einer Beschädigung der Mietsache gleichkommt, muss Ihnen der Mieter den dadurch entstandenen zusätzlichen Aufwand ersetzen (nikotinsperrende Farbe, mehrere Anstriche …).

■ Gartennutzung und -pflege

Der Mieter in einem Mehrfamilienhaus darf den eventuell vorhandenen Garten nicht automatisch nutzen, sondern nur dann, wenn er – oder ein Teil davon – ausdrücklich zum Mietgegenstand gehört (siehe Seite 42f.) beziehungsweise der Hausgemeinschaft allgemein zur Verfügung gestellt wird. Auch hier gilt: Die Gartenpflege ist zunächst Vermietersache, kann aber auf den Mieter übertragen werden. Dazu gehören Arbeiten wie Rasenmähen, Unkraut jäten etc. Für kompliziertere Maßnahmen wie beispielsweise das Schneiden von Bäumen und Sträuchern ist eine gesonderte Absprache nötig. Gut zu wissen: Ist der Garten(anteil) als Teil des Mietgegenstands im Vertrag genannt, können Sie ihn im Regelfall nur zusammen mit der Wohnung kündigen, nicht aber separat. Nutzt der Mieter den Garten schon jahrelang, ohne dass eine entsprechende Regelung bestand, darf er das auch weiterhin. In diesem Fall ist nämlich in der Regel von einer stillschweigenden Vereinbarung auszugehen.

■ Meldepflicht und Versicherung

Ihr Mieter ist gesetzlich dazu verpflichtet, seinen neuen Wohnsitz der zuständigen Behörde, also dem jeweiligen Einwohnermeldeamt, mitzuteilen. Deshalb ist es auch zulässig, wenn Sie ihn vertraglich verpflichten, Ihnen innerhalb einer bestimmten Frist eine entsprechende Meldebescheinigung vorzulegen. Ebenfalls zulässig ist, dass Sie von ihm verlangen, eine Privathaftpflichtversicherung abzuschließen, die auch für Mietschäden aufkommt, und diese für die Dauer des Mietverhältnisses mit Ihnen aufrechtzuerhalten.

Endlich meins – die Wohnungsübergabe

Geschafft! Der passende Mieter ist gefunden und der Mietvertrag unterschrieben. Was nun noch fehlt, ist die offizielle Wohnungsübergabe. Doch auch hier gilt: Eile mit Weile. Nehmen Sie sich ausreichend Zeit für diesen Termin und erstellen Sie zusammen mit Ihrem Mieter ein detailliertes Übergabeprotokoll. Da das nicht nur Ihrer, sondern auch seiner Sicherheit dient, wird er vermutlich ohnehin darauf bestehen.

Der Termin für die Wohungsübergabe muss nicht zwangsläufig mit dem vereinbarten Mietbeginn identisch sein, wird aber in der Regel zeitnah stattfinden.

Viele Vermieter zeigen sich hier – sofern die Wohnung frei ist – sehr kulant und lassen den Mieter schon früher in die Wohnung, damit er im Vorfeld noch anstehende Maler- und Verlegearbeiten durchführen und die ersten Umzugskisten unterstellen kann. Natürlich stellt das ein gewisses Risiko dar, da Sie zu diesem Zeitpunkt weder die Kaution noch die erste Miete erhalten haben – aber schließlich haben Sie die Bonität Ihres Mieters im Rahmen des Auswahlprozesses sorgfältig überprüft. Keinesfalls sollten Sie das jedoch gestatten, bevor Ihr neuer Mieter den Mietvertrag unterschrieben hat.

Mit der Wohnungsübergabe bekommt Ihr Mieter offiziell Zutritt zur Wohnung. Bevor Sie ihm jedoch die Schlüssel aushändigen (siehe Seite 99), ist es sinnvoll, gemeinsam den Zustand der einzelnen Räume zu überprüfen und eventuelle Mängel oder aber die Mängelfreiheit schriftlich festzuhalten. Denn nur mithilfe eines solchen Übergabeprotokolls können Sie belegen, dass Sie dem Mieter die Wohnung in ordnungsgemäßem Zustand übergeben haben – wozu Sie ja verpflichtet sind – beziehungsweise dass er von vorhandenen Mängeln Kenntnis erlangt hat.

Aber auch der Mieter profitiert davon. Ihm dient das Übergabeprotokoll gegebenenfalls als Beweis dafür, dass ein Schaden, den Sie bei seinem Auszug geltend machen, schon beim Einzug vorgelegen hat. Übrigens: Sie haften gemäß § 536 a Absatz 1 BGB für alle Schäden, die Ihrem Mieter als Folge eines schon bei Abschluss des Mietvertrages vorliegenden Mangels entstehen, egal ob Sie von dem Mangel wussten, ihn erkennen konnten oder ihn verschuldet haben. Das heißt, Sie müssen auch für verborgene Mängel geradestehen, wie zum Beispiel die Verwendung von giftigen Baustoffen (Stichwort Asbest, PCB ...). Es ist jedoch zulässig, diese verschuldensunabhängige Haftung im Mietvertrag auszuschließen. Die Haftung bei Vorsatz oder Fahrlässigkeit bleibt aber in jedem Fall bestehen.

Achten Sie beim Anfertigen des Übergabeprotokolls darauf, vorhandene Mängel möglichst genau zu dokumentieren. Schreiben Sie also nicht einfach „Parkett beschädigt", sondern „5 cm langer Kratzer in der linken oberen Ecke des Parketts sowie weitere kleine Kratzer in der Mitte und im Bereich der Eingangstür", und fügen Sie gegebenenfalls Fotos bei. Wichtig: Fotos allein reichen nicht! Die wichtigsten Punkte, die Sie prüfen sollten, sind:

- Decken und Wände

- Fenster inklusive Roll- oder Fensterläden

- Türen inklusive Schloss und Griff

- Fußböden inklusive Fußbodenleisten

- Heizkörper

- Sanitärobjekte (Badewanne, Duschwanne, Waschbecken, Spülkasten, Toilette) inklusive Armaturen (Mischbatterie, Wasserhahn, Duschkopf, Duschschlauch, Handtuchhalter, Seifenschalen, Spiegel)

Unterziehen Sie darüber hinaus sämtliche Lichtschalter sowie die Klingel beziehungsweise Gegensprechanlage einem Funktions-Check und werfen Sie einen Blick auf die Steckdosen. Wird ein Einbauschrank oder eine Einbauküche mitvermietet, gilt es, auch diese kritisch zu prüfen: Wie ist der Erhaltungszustand? Lassen sich alle Türen problemlos öffnen? Sind alle Regalböden vorhanden? Funktionieren Kühlschrank, Herd, Warmwasserboiler, Dunstabzugshaube etc.? Gehört ein Stellplatz/eine Garage oder ein Garten(anteil) zum Mietgegenstand, sollten Sie diesen ebenfalls in Ihre Begutachtung einbeziehen. Und vergessen Sie nicht, die Zählerstände (Strom, Gas, Wasser) zu notieren. Klären Sie zudem, wer von Ihnen beiden diese an das jeweilige Versorgungsunternehmen weitergibt beziehungsweise wer die eventuell notwendige Zwischenablesung der Heizkostenverteiler veranlasst.

Ein ganz wesentlicher Bestandteil des Übergabeprotokolls ist natürlich die Unterschrift der Vertragsparteien. Weigert sich der Mieter, ein Protokoll anzufertigen oder es zu unterschreiben, sollten Sie einen möglichst neutralen Zeugen hinzuziehen, der das Protokoll an seiner Stelle unterschreibt. Achten Sie zudem darauf, dass sowohl Sie als auch der Mieter eine Ausfertigung erhalten und dass beide Exemplare inhaltlich übereinstimmen.

Checkliste Mietvertrag und Wohnungsübergabe

- Wenn möglich, sollten Sie einen Mietvertrag immer schriftlich abschließen.

- Welche Art von Vertrag wollen Sie abschließen? Achtung: Bei Zeit-, Staffel- und Indexmietverträgen gelten teilweise besondere Bestimmungen.

- Sind Sie ein juristischer Laie, lassen Sie sich bei der Erstellung des Mietvertrags beraten. Denn unwirksame, fehlende oder missverständliche Formulierungen gehen stets zu Ihren Lasten.

- Werden (alle) Mieter und Vermieter genannt?

- Sind Lage und Ausstattung genau beschrieben (inklusive Gemeinschaftsräume, Keller- oder Dachbodenabteil sowie gegebenenfalls Garten und
Garage/Stellplatz)?

- Ist der Mietbeginn konkret festgelegt?

- Stimmt die Höhe der Miete und der Nebenkosten?

- Ist eine Kaution festgelegt?

- Sind alle Vereinbarungen im Vertrag korrekt festgehalten?

- Haben alle im Rubrum genannten Personen den Vertrag unterschrieben?

- Gehen Sie den Vertrag am besten zusammen mit dem Mieter Punkt für
Punkt durch, um Fragen sofort klären zu können. Räumen Sie ihm ausreichend Bedenkzeit ein, schieben Sie den Vertragsabschluss aber nicht
auf die lange Bank. Achtung: Lassen Sie sich nicht zu lange Zeit, den vom
Mieter bereits unterschriebenen Vertrag gegenzuzeichnen. Angemessen
sind maximal 5 Tage. Danach kann Ihr Mieter vom Vertrag zurücktreten.

- Fertigen Sie bei der Wohnungsübergabe zusammen mit Ihrem Mieter ein
Übergabeprotokoll an. Halten Sie darin den Zustand der Wohnung und der
Einbauten detailliert fest, gegebenenfalls auch anhand von Fotos.

- Notieren Sie auch Zählerstände sowie die Anzahl der Ihrem Mieter ausgehän-
digten Schlüssel (so weit dies nicht bereits im Mietvertrag festgehalten ist).

- Das Übergabeprotokoll muss sowohl von Ihnen als auch vom Mieter unterschrieben werden. Beide sollten jeweils ein (inhaltlich übereinstimmendes)
Exemplar erhalten.

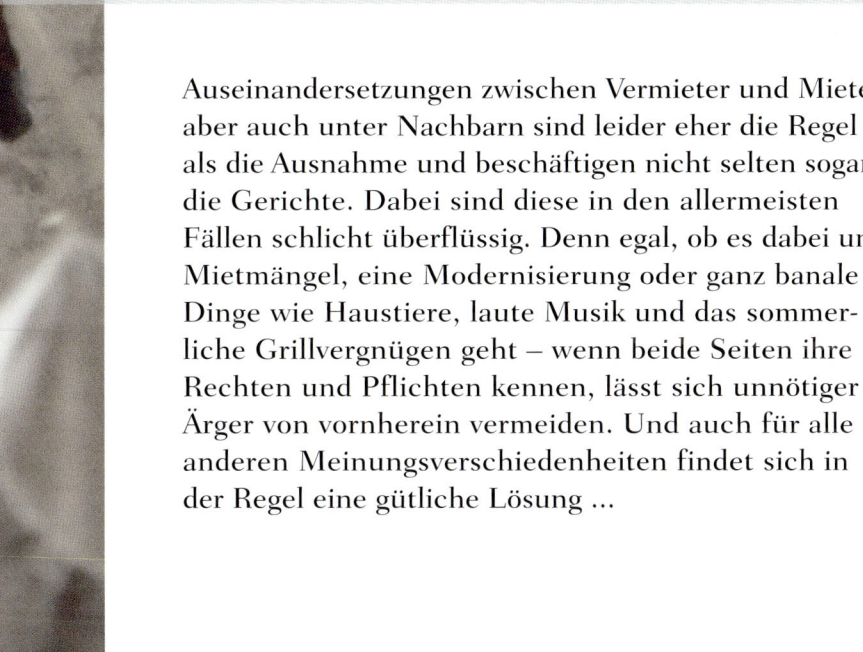

Der Mietalltag –
Tücken, Ärgernisse und Fallstricke

Auseinandersetzungen zwischen Vermieter und Mieter,
aber auch unter Nachbarn sind leider eher die Regel
als die Ausnahme und beschäftigen nicht selten sogar
die Gerichte. Dabei sind diese in den allermeisten
Fällen schlicht überflüssig. Denn egal, ob es dabei um
Mietmängel, eine Modernisierung oder ganz banale
Dinge wie Haustiere, laute Musik und das sommer-
liche Grillvergnügen geht – wenn beide Seiten ihre
Rechten und Pflichten kennen, lässt sich unnötiger
Ärger von vornherein vermeiden. Und auch für alle
anderen Meinungsverschiedenheiten findet sich in
der Regel eine gütliche Lösung ...

Den Hausfrieden wahren –
typische Streitpunkte

Nicht umsonst heißt es: „Es kann der Frömmste nicht in Frieden leben, wenn's dem bösen Nachbarn nicht gefällt." Und manche Nachbarn machen einander das Leben wahrlich zur Hölle, obwohl es meist nur um Kleinigkeiten geht. Als Vermieter ist es da gut, zu wissen, welche Regelungen Gesetz und Rechtsprechung für diese Alltagsstreitigkeiten vorsehen. Darüber hinaus haben Sie aber auch die Möglichkeit, mithilfe von Mietvertrag und Hausordnung selbst bestimmte Vorgaben zu machen. Wägen Sie jedoch bei allen Konflikten genau ab, ob Ihre Intervention wirklich nötig ist oder ob Sie sich nicht besser heraushalten beziehungsweise allenfalls moderierend eingreifen. So vermeiden Sie, unnötig zwischen die Fronten zu geraten.

▨ Kleiner Ärger, großer Ärger – wann und wie Sie einschreiten sollten

Verstößt Ihr Mieter gegen die Hausordnung beziehungsweise den Hausfrieden, sollten Sie konsequent und möglichst schnell dagegen vorgehen, um ihm zu signalisieren, dass Sie ein solches Verhalten – sei es nun aus Rücksichtslosigkeit, Gedankenlosigkeit oder schlicht Bequemlichkeit – nicht dulden. Schießen Sie dabei jedoch nicht gleich mit Kanonen auf Spatzen, sondern suchen Sie zunächst das persönliche Gespräch. Weisen Sie den „Missetäter" sachlich und höflich auf seine Verfehlung hin und fordern Sie ihn auf, dieses Verhalten in Zukunft zu unterlassen. Formulieren Sie Ihre Erwartungen unmissverständlich, ohne den Vorfall zu dramatisieren, und verzichten Sie – zumindest vorerst – auf Drohungen (rechtliche Schritte, Kündigung). In den meisten Fällen ist die Sache damit erledigt, ohne dass das Verhältnis zu Ihrem Mieter (allzu sehr) gelitten hat.

Allerdings sollten Sie nicht zögern, härtere Geschütze aufzufahren, wenn Ihr Mieter sich uneinsichtig zeigt. Setzt er sein Verhalten unverändert fort, ist eine

schriftliche Abmahnung der nächste
Schritt. Verlangen Sie von Ihrem Mieter darin noch einmal, das von Ihnen
beanstandete Handeln beziehungsweise Nicht-Handeln (Reinigungspflicht,
Winterdienst etc.) zu ändern, und kündigen Sie entsprechende Konsequenzen
an, falls er Ihrer Aufforderung wieder
nicht nachkommt. Das kann zum einen
eine Unterlassungsklage sein, zum anderen die fristlose Kündigung (siehe
Seite 138ff.). Aber auch Schadenersatz-
forderungen sind denkbar, sofern Ihnen
durch das Verhalten des Mieters tatsächlich ein finanzieller Schaden entstanden
ist, zum Beispiel weil andere Bewohner
des Hauses aufgrund der fortgesetzten
Ruhestörung die Miete mindern.

Beeindruckt auch das Ihren Mieter
nicht, bleibt Ihnen nur, Ihre Drohung
wahr zu machen und ihm entweder
die Kündigung auszusprechen oder
eine Unterlassungsklage gegen ihn an-
zustrengen. Hat Letztere Erfolg, wird
dem Mieter das gerügte Verhalten gerichtlich untersagt und es drohen ihm
bei Zuwiderhandlung empfindliche
Geldbußen.

Wichtig: Haben Sie den Verstoß/die Verstöße nicht selbst beobachtet, sondern
wurde(n) er/sie von Mitmietern an Sie
herangetragen, sollten Sie nicht ganz
so schnell zu Telefonhörer oder Stift
greifen. Versuchen Sie vorher, sich ein

eigenes Bild zu machen und herauszube-
kommen, ob der fragliche Vorfall sich
tatsächlich so zugetragen hat beziehungsweise ob die vermeintliche Störung/Be-
lästigung auch wirklich eine war. Geben
Sie dem „Beschuldigten" auf jeden Fall
Gelegenheit, sich zu den Vorwürfen zu

nicht jemand vor seinen Karren spannen möchte, um eine Privatfehde auszutragen. Und im „Ernstfall" brauchen Sie spätestens vor Gericht ohnehin Beweise, wie zum Beispiel ein detailliertes Lärmprotokoll, in dem Zeitpunkt, Art und Dauer der Ruhestörung festgehalten sind.

Sind es immer wieder die gleichen Parteien, die sich in die Haare kriegen, ist es in der Regel besser, die Kontrahenten zu bitten, die Sache unter sich auszumachen. Schließlich steht es jedem einzelnen Mieter frei, seinem Recht durch eine Anzeige bei den zuständigen Behörden oder eine Klage auch selbst Geltung zu verschaffen. Behalten Sie den Konflikt aber trotzdem im Auge und achten Sie darauf, dass durch diese persönlichen Animositäten nicht der gesamte Hausfrieden in Gefahr gerät.

äußern, bevor Sie aktiv werden. Nehmen Sie die Beschwerden und Hinweise von anderen Hausbewohnern ernst, aber legen Sie ihnen gegenüber gleichzeitig auch ein gewisses Misstrauen an den Tag. Denn Sie wissen nie, ob Sie hier

TIPP Die Hausordnung

Die bereits mehrfach erwähnte Hausordnung regelt grundlegende Fragen des Zusammenlebens wie beispielsweise die Benutzung der Gemeinschaftsräume und -anlagen, Sicherheitsfragen, Ruhezeiten ... Werden dem Mieter darin zusätzliche Pflichten wie die Treppenhausreinigung und der Winterdienst übertragen, die eigentlich Vermietersache sind, muss die Hausordnung Bestandteil des Mietvertrags sein und dem Mieter zusammen mit diesem ausgehändigt werden. Willkürliche Regelungen oder solche, die den Mieter unangemessen einschränken beziehungsweise benachteiligen, sind auch in der Hausordnung nicht zulässig. Sie können sich im Fall des Falles also nicht darauf berufen. Zudem müssen Sie auf die besonderen Belange von Familien sowie älteren oder behinderten Mietern Rücksicht nehmen. Dementsprechend werden Sie den Rollator im Hausflur oder gar die Haltung eines Blindenhundes nur in absoluten Ausnahmefällen verbieten können.

Muster 3   Abmahnung

Herrn
Hubert Carstens
Brechtstr. 26

44328 Dortmund

Frank Lohmann
Orchideenweg 48
44289 Dortmund
Tel. 0231/56 89 00 1

[Datum]

Mietwohnung Brechtstr. 26, 2. Stock, links
Abmahnung wegen Ruhestörung

Sehr geehrter Herr Carstens,

bei mir haben sich mehrere Mitbewohner wegen Ruhestörung über Sie beschwert. Nach deren Schilderung drang am [Datum] in der Zeit zwischen [Uhrzeit] und [Uhrzeit] derart laute Musik aus Ihrer Wohnung, dass sich nicht nur Ihre unmittelbaren Nachbarn, sondern auch die Bewohner im Stockwerk unter und über Ihnen erheblich gestört gefühlt haben.

Laut Hausordnung dürfen Tonabspielgeräte, insbesondere während der Ruhezeiten, nur in Zimmerlautstärke betrieben werden. Entsprechend fordere ich Sie auf, dieses vertragswidrige Verhalten in Zukunft zu unterlassen. Sollte es auch weiterhin zu Ruhestörungen dieser Art kommen, müssen Sie mit einer Unterlassungsklage beziehungsweise einer Kündigung rechnen.

Mit freundlichen Grüßen

Wenn's mal wieder lauter wird – Lärm

Der wohl häufigste Grund für Streit sind Lärmbelästigungen. Doch ab wann ist ein Geräusch – egal, ob es nun von spielenden Kindern, der Stereoanlage oder dem Hobbyhandwerker kommt – Lärm und wird zur Belästigung? Grundsätzlich gilt: Ruhestörender Lärm liegt dann vor, wenn durch ihn das Wohlbefinden oder die Gesundheit der Mitbewohner (in besonders schwerwiegenden Fällen auch der Bewohner der Nachbarhäuser) erheblich beeinträchtigt wird. Dabei muss jedoch zwischen sogenannten Ruhezeiten (siehe Kasten) und „normalen" Zeiten unterschieden werden.

Während der Ruhezeiten gilt es, Zimmerlautstärke einzuhalten. Zimmerlautstärke bedeutet nach einer Definition des Landgerichts Berlin, dass ein Geräusch außerhalb einer geschlossenen Wohnung, insbesondere ober- und unterhalb sowie neben der Geräuschquelle, nicht mehr oder zumindest kaum noch wahrnehmbar ist. Außerhalb der Ruhezeiten hingegen müssen Sie Beeinträchtigungen durch Lärm bis zu einem gewissen Grad hinnehmen.

Entscheidendes Kriterium hierfür ist, was sozial- beziehungsweise ortsüblich oder unvermeidbar ist. Denn selbstverständlich hat jeder Mieter das Recht, sein Leben frei zu gestalten, und dabei entsteht zwangsläufig auch Lärm – hier ist bei allen Beteiligten Toleranz gefragt, auch wenn es manchmal schwerfällt.

WICHTIG Ruhezeiten
Üblicherweise gelten die Zeiten zwischen 13 und 15 Uhr sowie zwischen 22 und 7 Uhr als Ruhezeiten. Samstags ist Lärm bis 8 Uhr, von 13 bis 15 Uhr sowie ab 19 Uhr zu vermeiden. Sonn- und Feiertage zählen generell als Ruhezeit. Allerdings können diese Zeiten von Ort zu Ort abweichen (Auskünfte erteilt das zuständige Ordnungsamt) und auch in der Hausordnung oder im Mietvertrag können Sie etwas anderes festgelegen.

Kinderlärm

In Bezug auf Kinderlärm herrscht seltene Einmütigkeit bei deutschen Gerichten: Lachen, Weinen und Schreien sind ebenso von der Hausgemeinschaft zu dulden wie die Unruhe, die infolge des normalen Spiel- und Bewegungstriebs eines Kindes entsteht. Auch ist den Kindern in der Regel erlaubt, die

Grünanlagen, den Hof und den Garten zum Spielen zu benutzen. Mutwillig verursachter Lärm jedoch, der über das Übliche hinausgeht, muss von den Mitbewohnern nicht hingenommen werden. Zudem haben die Eltern auf die Einhaltung der Ruhezeiten zu achten, sofern das Kind in der Lage ist, eine entsprechende Ermahnung zu verstehen und einzuhalten. Diese Einschränkung gilt dementsprechend nicht für Babys und Kleinkinder.

■ Fernseher, Radio und Stereoanlage

Deutlich weniger tolerant ist die Rechtsprechung in Bezug auf Lärm, der aus Stereoanlagen, Radios, Fernsehern etc. dröhnt. Diese sogenannten Tonübertragungsgeräte dürfen auch außerhalb der Ruhezeiten nur in Zimmerlautstärke betrieben werden. Besonders empfindliche Nachbarn sowie Bewohner von sehr hellhörigen Häusern werden Sie aber trotzdem enttäuschen müssen.

Denn der Begriff der „Zimmerlautstärke" (siehe Seite 64) wird in diesem Zusammenhang von den Gerichten großzügiger ausgelegt. Nach einem Urteil des Bundesgerichtshof gilt hier als Maßstab das Empfinden eines „verständigen Durchschnittsmenschen" (BGH, DWW 1993, 70) – und nur wenn der sich gestört fühlen würde, ist die Musik tatsächlich zu laut ...

■ Musizieren

Da Musizieren als „sozialübliches Verhalten" grundsätzlich gestattet ist – auch wenn sich die Zimmerlautstärke dabei nicht einhalten lässt –, dürfen Sie Ihrem Mieter das Spielen eines Musikinstruments nicht generell verbieten. Aber Sie dürfen das Musizieren je nach örtlichen Gepflogenheiten, Lage der Wohnung, Beschaffenheit des Hauses und Musikinstrument zeitlich einschränken. Für eine Klarinette oder ein Saxophon halten die Gerichte dabei eine Spielzeit von 2 Stunden täglich für angemessen (OLG Karlsruhe NJW-RR 89,1179). Klavierspieler dürfen sogar noch ein wenig länger Musik machen, nämlich 3 Stunden (Bay-ObLG WM 96, 488; LG Frankfurt WM 90, 287), solange kein Gesang dabei ist. In letzterem Fall oder bei monotonen Fingerübungen reduziert sich die Zeit auf ebenfalls 2 Stunden. Schlechte Karten haben Schlagzeug-Liebhaber. Sie dürfen nur rund 1 Stunde pro Tag spielen (LG Nürnberg-Fürth, WM 92,253), sind damit aber immer noch besser dran als die Mitglieder einer Band oder eines Chors. Denn ganze Musikgruppen dürfen in Mietwohnungen überhaupt nicht üben (BGH WM 98, 738). Eine Ausnahme bilden Berufsmusiker. Ihnen wurden von den Gerichten auch schon darüber hinausgehende Spielzeiten zuerkannt, die Ruhezeiten sind aber auf jeden Fall einzuhalten.

■ Bohrmaschine, Staubsauger und Waschmaschine

Hämmern, bohren, sägen – Hobbyhandwerker dürfen ihrer Passion ungehemmt frönen, solange sie die geltenden Ruhezeiten einhalten. Baulärm ist hingegen nur bis circa 17 Uhr zulässig, wobei von den Betreffenden alle zumutbaren Lärmbekämpfungsmaßnehmen ergriffen werden müssen, um die Ruhestörung so gering wie möglich zu halten. Auch geräuschintensive Hausarbeiten wie Staubsaugen und das Laufenlassen von lärmenden Haushaltsgeräten wie Waschmaschine, Trockner etc. sind während der Ruhezeiten nicht gestattet. Apropos Wäsche: Verfügt das Gebäude über eigene Waschräume, können Sie den Mieter durch eine entsprechende Regelung im Mietvertrag beziehungsweise in der Hausordnung dazu verpflichten, diese zu nutzen und seine Geräte dort aufzustellen. Gibt es keine solche Vorschrift, steht es ihm hingegen frei, seine Waschmaschine und seinen Trockner – trotz Waschküche – bei sich in der Wohnung zu installieren. Auch können Sie ihm nicht untersagen, die Wäsche zum Trocknen in der Wohnung oder auf dem Balkon aufzuhängen, solange Nachbarn und Mitmieter dadurch nicht über Gebühr belästigt werden. Das gilt gleichermaßen für den Betrieb eines Trockners und die damit verbundene feuchte Abluft. Sicherheitshalber sollten Sie Ihren Mieter aber darauf hinweisen, dass es durch das Trocknen von Wäsche in der Wohnung leicht zu Feuchtigkeitsschäden kommen kann, und er in diesem Fall öfter lüften muss.

TIPP Ein Hinweis an alle Gartenfreunde

Gehört zu der von Ihnen vermieteten Wohnung auch ein Garten(anteil), empfiehlt es sich, diesbezüglich ebenfalls eine Regelung in den Mietvertrag/die Hausordnung aufzunehmen. Denn gärtnerische Tätigkeiten wie Rasenmähen und -trimmen, Heckenschneiden, Schreddern und Laubsaugen sind in aller Regel nur werktags zwischen 7 und 20 Uhr erlaubt.

■ Baden, Duschen und Toilettengebrauch

Ihr Mieter darf sein Bad zu jeder Tages- und Nachtzeit uneingeschränkt nutzen. Insofern sind Regelungen, die das Baden und Duschen ab einer bestimmten Uhrzeit verbieten, generell unzulässig. Einziger Wermutstropfen für nachtaktive Nixen und Wassermänner: Länger als 30 Minuten darf das nasse Vergnügen während der Schlafenszeit nicht dauern. Und natürlich ist auch die Toilettenbenutzung rund um die Uhr gestattet. Einschränkungen diesbezüglich sind ebenfalls unwirksam. Das gilt gleichermaßen für die Art der „Verrichtung" – vor allem bei Männern. Sitzpinkeln kann nicht per Vertrag verordnet werden.

■ Feste und Partys

„Einmal pro Monat darf gefeiert werden, als gäbe es kein Morgen." Diese Annahme hält sich hartnäckig, ist aber dennoch ein Irrglaube. Natürlich darf Ihr Mieter in seiner Wohnung, auf dem Balkon oder im Garten feiern – sogar mehrmals pro Monat, wenn er möchte. Allerdings muss er dabei auf die Einhaltung der Nachtruhe achten. Das heißt, ab 22 Uhr ist der Lärmpegel so zu reduzieren, dass die Nachbarn dadurch nicht gestört werden. Gibt es einen besonderen Anlass für das Fest, beispielsweise einen runden Geburtstag, eine Hochzeit oder den bestandenen Schulabschluss, darf ausnahmsweise auch etwas länger lautstark gefeiert werden, aber nicht die ganze Nacht.

Kinderwagen, Surfbrett und Fahrrad – der Flur als Abstellraum

Ein weiterer beliebter Zankapfel ist das Abstellen von Gegenständen im Hausflur. Und da gibt es so allerlei, was das Missfallen der Hausgemeinschaft erregen kann: Fahrräder, Kinderwagen, Schuh- und Besenschränke, Getränkekisten, Sportgeräte wie Surfbretter, Inlineskates oder Tennisschläger sowie vieles andere mehr. Und nüchtern betrachtet hat das meiste davon im Treppenhaus, in Fluren, in Kellergängen, im Eingangsbereich etc. tatsächlich nichts zu suchen, da der Durchgang eingeschränkt beziehungsweise Fluchtwege verstellt werden und sich häufig die Unfallgefahr erhöht. Deshalb ist es zulässig, ein entsprechendes Verbot in den Mietvertrag oder die Hausordnung aufzunehmen, das auch von Besitzern sehr teurer Fahrräder eingehalten werden muss. (Der Drahtesel darf nur mit Ihrer ausdrücklichen Genehmigung im Flur etc. abgestellt werden; ist ein spezieller Abstellraum vorhanden, muss dieser genutzt werden.) Ausnahmen sind Kinderwagen (sofern sie nicht problemlos in die Wohnung transportiert werden können und den Durchgang nicht zu sehr behindern) sowie Rollstühle und Gehhilfen – sie dürfen selbst bei einem ausdrücklichen „Parkverbot" im Hausflur stehen.

Achtung: Widerrechtlich abgestellte Gegenstände dürfen Sie nicht einfach entsorgen, denn es handelt sich nicht um Ihr Eigentum. Das heißt aber nicht, dass es keinen legalen Weg gibt, der Gerümpelflut in den Hausfluren Herr zu werden. Wissen Sie, dass es sich bei dem Eigentümer um Ihren Mieter handelt, fordern Sie ihn schriftlich auf, den „Gegenstand des Anstoßes" innerhalb einer bestimmten Frist zu entfernen – gegebenenfalls verbunden mit der Androhung einer Unterlassungsklage. Das sollte eigentlich ausreichen, um selbst hartgesottene Zeitgenossen dazu zu bewegen, den vermeintlichen Abstellplatz fristgerecht zu räumen.

Ist der Eigentümer nicht bekannt und lässt sich auch nicht ermitteln, versehen Sie den Gegenstand selbst mit der Aufforderung, ihn zu entfernen. Nach Verstreichen einer angemessenen Wartefrist können Sie ihn dann entsorgen. Apropos entsorgen: Anonymen Müll können Sie natürlich sofort fortschaffen (lassen), die Kosten dafür müssen Sie jedoch selbst tragen und dürfen sie nicht auf die Mieter umlegen.

▓ *Wenn's dem Nachbarn stinkt – grillen*

Der leckere Duft von über offenem Feuer gebratenem Fleisch und Würsten gehört zum Sommer wie Sonnenschirme und Eiscreme. Doch leider geht mit dem Wohlgeruch in der Regel auch weniger angenehmer Rauch und Qualm einher, weshalb es hier ebenfalls regelmäßig zu Streit unter den Nachbarn kommt. Grundsätzlich ist das Grillen im Freien erlaubt, solange die Grillschwaden nicht konzentriert in die Nachbarwohnungen ziehen (hier droht sogar ein Bußgeld) oder brandschutzrechtliche Gesichtspunkte dagegensprechen – Gründe, aus denen Sie das Grillen mietvertraglich vollkommen verbieten können. Doch auch wenn Sie das nicht tun, muss sich der Grillfreund bescheiden: Das Amtsgericht Bonn gestattet das Grillen einmal im Monat, sofern die Nachbarn 48 Stunden vorher unterrichtet werden (AG Bonn 6 C 545/96), während das Bayerische Oberste Landesgericht fünfmal pro Jahr als zumutbare Grill-Grenze ansieht. Darüber hinaus herrscht zwischen 22 und 7 Uhr ein generelles Grillverbot (OLG Oldenburg 13 U 53/02).

Die private Wohlfühloase – Balkon und Terrasse

Bleiben wir noch einen Moment beim Sommer, den viele gern auf dem Balkon oder der Terrasse genießen. Und auch den beziehungsweise die darf Ihr Mieter grundsätzlich nutzen, wie er möchte. Er darf geeignete Stühle, Bänke, Tische, Liegen sowie Sonnenschirme aufstellen und auch einen Sichtschutz installieren. Erst wenn er fassadenverändernde Verkleidungen oder eine Markise anbringen möchte, muss er Sie vorher um Erlaubnis fragen (siehe Seite 92). Seinem grünen Daumen darf Ihr Mieter ebenfalls freien Lauf lassen – vorausgesetzt, die Blumenkästen, Töpfe, Ampeln etc. sind ordnungsgemäß befestigt, sodass sie selbst bei starkem Wind nicht herabstürzen und/oder davongeweht werden können. Und selbstverständlich

darf er auf dem Balkon beziehungsweise der Terrasse auch Gäste empfangen und gemeinsam mit ihnen dort feiern, sofern er dabei die entsprechende Rücksicht walten lässt (siehe Seite 67).

Was Ihr Mieter hingegen nicht darf, ist, den Balkon des Mieters unter ihm beim Ausschütteln von Bett- und Tischdecken oder Kleidung mit Krümeln, Haaren und Sonstigem zu verunreinigen, (AG Köln WM 85, 287). Das gilt auch für Pflanzen, die allzu üppig auf fremde Balkone wuchern. Hier kann der Betroffene verlangen, dass die Pflanzen zurückgeschnitten werden (LG Berlin MM 2003, 210). Laub, Zweige oder Pollen stellen dagegen keine Beeinträchtigung dar (OLG Düsseldorf 9 U 10/95).

Hund, Katze, Wellensittich – wenn der beste Freund des Menschen zur Belästigung wird

Die Frage, ob Ihr Mieter ein Haustier halten darf oder nicht, wird an anderer Stelle ausführlich beantwortet (siehe Seite 95ff.). Hier soll es vielmehr darum gehen, in welchen Fällen Sie beziehungsweise die Mitmieter sich gegen Beeinträchtigungen durch das Tier Ihres Mieters wehren können. Denn tierische Laute wie Bellen, Jaulen, Krächzen oder Pfeifen gehören zwar – genau wie Kinder- und Verkehrslärm – zu den normalen Lebensgeräuschen, gegen die nichts eingewendet werden kann, doch eine ständige Ruhestörung, die über das normale Maß hinausgeht, muss nicht klaglos hingenommen werden. Auch gegen eine übermäßige Verunreinigung der Gemeinschaftsräume (Treppenhaus, Flure etc.) sowie die Haltung eines als gefährlich geltenden Tieres wie einer Giftschlange oder eines Alligators können Sie vorgehen.

Des Deutschen liebstes Kind – das Auto

Nachdem das Autowaschen auf dem Hof oder der Straße inzwischen in vielen Bundesländern aus Umweltschutzgründen generell verboten ist, stellt sich in diesem Zusammenhang vor allem die Parkplatzfrage. Denn ist ein solcher im Mietvertrag nicht erwähnt, darf Ihr Mieter sein Auto nicht einfach auf dem Grundstück abstellen. Hierfür benötigt er Ihre Erlaubnis. (Oder Sie müssen sein unerlaubtes Parken bereits jahrelang geduldet haben, denn dann ist meist von einem entsprechenden Nutzungsrecht auszugehen.) Achtung: Haben Sie neben der Wohnung auch eine Garage oder einen Stellplatz vermietet, müssen Sie sicherstellen, dass Ihr Mieter diese/diesen ungehindert benutzen kann. Das heißt, Sie müssen – im Rahmen Ihrer Möglichkeiten – dafür sorgen, dass das Garagentor nicht zugeparkt ist beziehungsweise dass der Stellplatz nicht von anderen – seien es nun Mitmieter oder Fremde – belegt wird. Passiert dies häufiger, kann er eine Mietminderung vornehmen (siehe Seite 77ff.).

Gut zu wissen: Haben Sie Ihrem Mieter die Erlaubnis erteilt, seinen Wagen auf dem Grundstück abzustellen, oder ihm einen Stellplatz/eine Garage vermietet, dürfen und sollten Sie diesbezüglich auch bestimmte Verhaltensregeln aufstellen – am besten im Mietvertrag. So können Sie beispielsweise Ihrem Mieter untersagen, dort Reparatur-, Wartungs- und Pflegearbeiten durchzuführen. Das Lagern von feuergefährlichen Stoffen oder nicht dem Betrieb des Fahrzeugs dienenden Gegenständen können Sie ebenfalls verbieten.

Ärger mit dem Mieter –
typische Streitpunkte

Doch nicht nur das tägliche Miteinander, sondern auch das direkte Verhältnis Vermieter/Mieter birgt jede Menge Konfliktpotenzial. Zu unterschiedlich sind vielfach die Interessen und die Auffassungen darüber, was zulässig beziehungsweise zumutbar ist. Wer jedoch tatsächlich im Recht ist, lässt sich nicht immer auf den ersten Blick sagen. Versuchen Sie daher, möglichst eine einvernehmliche Lösung mit Ihrem Mieter zu finden – gerade in Hinblick auf den zukünftigen Umgang miteinander. Manchmal allerdings ist ein entschlossenes, schnelles Vorgehen unerlässlich. Bleiben Sie in diesen Fällen hart, selbst wenn es Ihnen schwerfällt.

■ Zu spät oder gar nicht – die Mietzahlung

Geht die Miete nicht auf Ihrem Konto ein, ist das nicht nur ärgerlich, sondern ein schwerer Pflichtverstoß des Mieters. Natürlich kann es sich dabei einfach nur um ein Versehen handeln, es kann aber auch ein Test Ihrer Kulanz diesbezüglich oder schlimmstenfalls der Vorbote einer Zahlungsunfähigkeit sein. Deshalb sollten Sie auf das Ausbleiben der Miete auf jeden Fall reagieren, und das möglichst zeitnah – auch wenn viele Vermieter einer solche Konfrontation gern aus dem Weg gehen. Sie müssen Ihrem Mieter ja nicht gleich mit der Kündigung oder dem Gerichtsvollzieher drohen, aber spätestens nachdem er 3 bis 4 Werktage, maximal 1 Woche in Verzug ist, sollten Sie bei ihm nachhaken, wo die Miete bleibt. Das können Sie – je nach persönlicher Vorliebe – entweder schriftlich oder telefonisch tun.

Stellt sich heraus, dass es sich um ein Versehen oder eine vorübergehende Liquiditätslücke gehandelt hat, und nimmt der Mieter die Zahlung nun umgehend vor, können Sie die Sache damit auf sich beruhen lassen. Allerdings sollten Sie Ihrem Mieter bei dieser Gelegenheit noch einmal klarmachen, dass er dafür zu sorgen hat, dass die Miete rechtzeitig bei Ihnen eingeht, und dass Sie nicht bereit sind, weitere Vorfälle dieser Art – gleich aus welchem Grund – zu tolerieren. Hält sich Ihr Mieter nicht daran, können Sie ihm kündigen (siehe

Seite 134ff.). Wichtig: Schließen Sie mit Ihrem Mieter eine Teilzahlungs- oder Stundungsvereinbarung, sollten Sie das auf jeden Fall schriftlich festhalten.

Tritt der ungünstigste Fall ein, nämlich dass Ihr Mieter zahlungsunfähig ist, sprechen Sie ihm umgehend die Kündigung aus, damit Sie nicht noch mehr Mieteinnahmen verlieren, und leiten Sie ein Mahnverfahren ein. Dazu müssen Sie einen Antrag beim jeweils zuständigen zentralen Mahngericht stellen, das dem Mieter einen Mahnbescheid zustellen wird. Legt er dagegen keinen Widerspruch ein, erhalten Sie einen vollstreckbaren Titel, mit dem Sie einen Gerichtsvollzieher beauftragen können, das ausstehende Geld einzutreiben.

Sind Sie im Umgang mit Behörden nicht geübt oder legt Ihr Mieter Widerspruch ein, sollten Sie die Hilfe eines Anwalts in Anspruch nehmen.

▦ Ein absolutes No-go – körperliche Gewalt und verbale Entgleisungen

Wird Ihr Mieter Ihnen, Ihrer Familie oder anderen Mietern gegenüber handgreiflich, ist das ein Kündigungsgrund – ebenso wie Beleidigungen und Drohungen. Ob dabei eine fristlose Kündigung (siehe Seite 138ff.) in Betracht kommt, hängt davon ab, wie schwerwiegend der jeweilige Verstoß ist. Deshalb sollten Sie in solchen Fällen immer vorsorglich auch ordentlich kündigen (siehe Seite 139f.). Und natürlich brauchen Sie Beweise. Gut zu wissen: Auch wenn Ihr Mieter Sie (oder einen Mitmieter) bestiehlt, können Sie ihm kündigen.

▦ Noch ein No-go – der Mieter lässt die Wohnung verwahrlosen

Beschädigt der Mieter das Mietobjekt mutwillig oder lässt es verwahrlosen, ist das ebenfalls ein Grund zur Kündigung. Die Frage, ob Sie „nur" ordentlich oder sogar fristlos kündigen können (siehe Seite 134ff.), hängt auch hier von der Schwere des Verstoßes ab. Fordern Sie den Mieter zudem auf, den Schaden innerhalb einer bestimmten Frist zu beheben. Tut er das nicht, können Sie ihn auf Schadenersatz verklagen. Für Schäden, die sich aus dem vertragsmäßigen Gebrauch ergeben, also normale Abnutzungs- und Gebrauchsspuren, muss der Mieter hingegen nicht aufkommen. Sie fallen unter Ihre Instandsetzungs- beziehungsweise Instandhaltungspflicht.

◼ Schimmel, Lärm und undichte Fenster – Mietmängel

Nach Expertenschätzung weisen Millionen von Mietwohnungen mehr oder weniger schwerwiegende Mängel auf. Kein Wunder also, dass dieses Thema die Nummer 2 (nach den Betriebskosten) auf der Liste der häufigsten Konfliktgründe zwischen Vermieter und Mieter ist. Doch was gilt eigentlich als Mangel? Und was kommt auf Sie als Vermieter zu, wenn Ihr Mieter einen solchen beanstandet?

◼ Wann liegt ein Mangel vor?

Ein Mangel im Sinne des Mietrechts ist eine Beeinträchtigung, die den vertragsgemäßen Gebrauch der Mieträume mindert oder unmöglich macht. Das kann ein sogenannter Sachmangel sein, beispielsweise ein undichtes Dach, ein Heizungsausfall, eine kaputte Fensterscheibe, aber auch Belästigungen durch Dritte (Lärm, Schmutz, Gestank etc.) oder ein Rechtsmangel, bei dem das Recht eines Dritten dem vertragsmäßigen Gebrauch entgegensteht. Das ist zum Beispiel dann der Fall, wenn Sie die Wohnung auch noch an eine weitere Person vermietet haben oder Sie dem Mieter die gewerbliche Nutzung des

Mietgegenstands gestattet haben, obwohl dies gar nicht zulässig ist. Ebenfalls als Mangel gilt, wenn dem Mietgegenstand eine zugesicherte Eigenschaft fehlt, die Wohnung also nicht kinderfreundlich beziehungsweise behindertengerecht ist, obwohl Sie sie ausdrücklich als solche angeboten haben. Auch eine falsch angegebene Wohnungsgröße kann in dieser Hinsicht einen Mangel darstellen.

Weiterhin muss die Beeinträchtigung „erheblich" sein, es darf sich also nicht um eine Kleinigkeit handeln, die sich nur unwesentlich auswirkt oder die der Mieter mit geringem Aufwand selbst beseitigen kann. Standardbeispiel für einen solchen „unerheblichen" Mangel ist die defekte Glühbirne im Gang. Aber auch Haarrisse in der Decke, ein winziger Sprung in der Fensterscheibe oder das nächtliche Spülgeräusch von Mitmietern sind keine Mängel. Auf Mängel, die der Mieter bei Abschluss des Mietvertrags bereits kannte beziehungsweise die er akzeptiert hat (Stichwort Übergabeprotokoll), kann er sich im Nachhinein ebenfalls nicht berufen.

TIPP Nicht bekannt, aber offensichtlich

War der fragliche Mangel dem Mieter zwar bei Vertragsabschluss noch nicht bekannt, aber so offensichtlich, dass er ihn hätte erkennen müssen, kann er ihn nicht gegen Sie geltend machen.

Die häufigsten Wohnungsmängel sind:

- Feuchtigkeitsschäden und Schimmelbildung: Hier wird häufig von Vermieterseite eingewandt, diese seien durch mangelhaftes Lüften und Heizen hervorgerufen worden. Das allerdings lässt sich in der Regel nur mithilfe eines teuren Gutachtens nachweisen. Auch können Sie nicht von Ihrem Mieter verlangen, dass er bauliche Mängel durch ein übergebührliches Heiz- und Lüftverhalten ausgleicht. In der Regel muss ein einmaliges Lüften am Morgen und am Abend ausreichen.

- Lärmende Nachbarn (siehe Seite 64ff.)

- Lärm infolge von Bauarbeiten, es sei denn, der Mieter konnte schon bei Vertragsabschluss erkennen, dass entsprechende Baumaßnahmen in der Nachbarschaft zu erwarten sind.

- Falsche Angabe der Wohnfläche: Ist die vermietete Wohnung erheblich kleiner, als im Mietvertrag angegeben (mindestens 10 Prozent), gilt dies als Mangel.

- Undichte Fenster

- Defekte an mitgemieteten Einrichtungsgegenständen (Einbauküche, Rollläden, Dusche etc.) sowie am Aufzug oder an der Klingel beziehungsweise Gegensprechanlage.

- Heizung und Warmwasserversorgung: Während der Heizperiode, die in der Regel von Anfang Oktober bis Ende April geht, muss die Heizung so eingestellt sein, dass die Wohnung mit einer Temperatur von 20 und 22 °C beheizt werden kann (nachts reichen 15 °C). Auch bei länger andauernden Kälteeinbrüchen außerhalb der Heizperiode

müssen Sie dafür sorgen, dass ein Beheizen der Räume möglich ist. Zudem muss das ganze Jahr, rund um die Uhr ausreichend Warmwasser zur Verfügung stehen. Die Mindesttemperatur beträgt dabei 40 °C. Wird dieser Wert nicht erreicht, liegt ein Mangel vor. Laut einer Entscheidung des Amtsgerichts Berlin-Schöneberg kann auch die Wartezeit, bis warmes Wasser aus der Leitung kommt, einen Mangel darstellen. Nach Ansicht der Richter sind 10 Sekunden die Grenze des Zumutbaren (AG Berlin-Schöneberg 102 C 55/96, MM 1996, 401).

■ Was im Falle eines Mangels zu tun ist

Liegt nachweislich ein „echter" Mangel vor, sind Sie verpflichtet, innerhalb einer angemessenen Frist Abhilfe zu schaffen, entweder durch Reparatur oder Ersatz – es sei denn natürlich, es handelt sich um einen Mangel, der auf einem unsachgemäßen Gebrauch der Mietsache durch den Mieter beruht. Sie haften sowohl für bauliche als auch für Mängel, die auf höherer Gewalt beruhen (Blitzschlag, Hochwasser ...). Verursachen Mitmieter oder Personen die in Ihrem Auftrag handeln (Handwerker etc.) einen Mangel, müssen Sie sich diesen ebenfalls zurechnen lassen. Selbst für Schäden, die Dritte verursachen und für die Sie überhaupt nichts können, müssen Sie

geradestehen. Das betrifft zum Beispiel Lärm, der von der Baustelle auf der anderen Straßenseite kommt, oder die Verwüstung des Gartens durch ein Wildschwein. Gut zu wissen: Sie haften auch dann in vollem Umfang, wenn der Mangel Ihren Mieter objektiv betrachtet nicht oder nur teilweise einschränkt. So kann er sein Recht auf Mietminderung aufgrund eines Heizungsausfalls auch dann geltend machen, wenn er den Großteil der Zeit in südlichen Gefilden am Strand gelegen, also gar nicht gefroren hat. Auch die Tatsache, dass er als Berufstätiger den Baulärm tagsüber ja gar nicht mitbekommt, spielt in diesem Fall keine Rolle.

Da Sie als Vermieter aber nicht ständig nach dem Rechten schauen können – womit der Mieter auch sicher nicht einverstanden wäre –, muss er Sie über das Vorliegen eines Mangels informieren. Diese Mängelanzeige kann sowohl schriftlich als auch (fern-)mündlich erfolgen. Kommt er dieser Anzeigepflicht nicht nach, verliert er nicht nur die ihm in diesem Fall zustehenden Rechte (Mietminderung, Schadenersatz, fristlose Kündigung), sondern macht sich darüber hinaus schadenersatzpflichtig, falls sich der Schaden durch seine Untätigkeit vergrößert.

TIPP Werden Sie aktiv

Teilt Ihnen Ihr Mieter mit, dass ein Mangel aufgetreten ist, kann man Ihnen aus mietrechtlicher Sicht eigentlich nur eines raten: Kommen Sie Ihrer Pflicht nach und lassen Sie den Mangel möglichst rasch beseitigen. Das spart Ihnen eine Menge unnötigen Ärger und Kosten, während Sie durch Ihre Untätigkeit nichts gewinnen.

■ Das Recht auf Mietminderung

Ein Mangel an der Mietsache sorgt dafür, dass Ihr Mieter zahlreiche Rechte Ihnen gegenüber geltend machen kann. Zum Beispiel kann er ab dem Zeitpunkt der Mängelanzeige die Miete um einen bestimmten Betrag mindern. Dieser richtet sich danach, wie groß die Beeinträchtigung ist, und muss immer ausgehend vom konkreten Einzelfall ermittelt werden. Anhaltspunkte bieten dabei die sogenannte Hamburger Tabelle, die für jeden Raum einen bestimmten Wohnwert festlegt (dieser bezieht sich immer auf einen kompletten Nutzungsausfall und muss gegebenenfalls individuell angepasst werden), sowie zahlreiche Urteile, von denen Sie nachfolgend ebenfalls einige finden. Ausgangspunkt für die Mietminderung ist jeweils die Nettomiete zuzüglich der Neben- und Heizkosten (BGH WM 2005, 384, 573). Wichtig: Bei der Nebenkostenabrechnung müssen Sie die regulären Beträge berücksichtigen und nicht die geminderten, da dem Mieter sonst kein Vorteil entstehen würde.

Raum	Wohnwert
Wohnzimmer	28 %
Arbeitszimmer	20 %
Schlafzimmer	12 %
Küche	10 %
Bad	10 %
Abstellraum	7 %
Gäste-WC	3 %
Balkon	10 %

Auch die folgenden Werte, die allesamt von Gerichten festgelegt wurden, können Ihnen – wie bereits erwähnt – nur als Anhaltspunkt in Sachen Mietminderung dienen, da letztlich immer der Einzelfall entscheidet:

- Abfluss verstopft/defekt, Austritt von Fäkalien aus WC und Badewanne: 38 %

- Backofen/Kochfeld defekt: 3–5 %

- Badewanne nicht nutzbar: 20 %

- Dusche nicht nutzbar: 16 %

- Keine Möglichkeit, zu baden/duschen: 33 %

- Balkon während des Sommers nicht nutzbar: 3 %

- Baulärm durch Straßenbauarbeiten: 15 %

- Baulärm in der Nachbarschaft mit Staub und Abgasen: 20–25 %

- Beheizung während der Heizperiode mangelhaft (Mindesttemperatur wird nicht erreicht): 5–30 %

- Heizungsausfall während der Heizperiode: 50–100 %

- Briefkasten fehlt: 3 %

- Defekter Aufzug (Mieter wohnt im 4. Stock): 10 %

- Durchfeuchtung der Zimmerdecke: 10 %

- Durchfeuchtung der gesamten Wohnung: 90 %

- Einrüstung der Wohnung: 5–14 %

- Fenster undicht: 10–50 % (je nach Anzahl und Schwere)

- Garten, Wasch- und Trockenraum nicht nutzbar: 20 %

- Gegensprechanlage und Türöffner defekt: 5 %

- Giftige Baustoffe: 50 %

- Lärmbelästigung durch Mitmieter: 10–20 %

- Lärmbelästigung in der Nacht durch Diskothek/Gaststätte: 15–30 %

- Leitungswasser rostig oder bräunlich verfärbt: 10 %

- Schimmelpilzbefall: 10–80 % (je nach Anzahl der betroffenen Räume und Schwere)

- Schloss an der Eingangstür defekt: 5 %

- Terrasse kann nicht genutzt werden: 15 %

- Ungeziefer in der Wohnung: 10 %

- Kein Warmwasser: 10–30 %

Das Recht auf Mietminderung besteht so lange, bis Sie den Mangel behoben haben. Beispiel: Die lärmintensiven Bauarbeiten am Nachbargebäude haben am 8. April begonnen und bis zum 28. April gedauert. In diesem Fall kann Ihr Mieter – vorausgesetzt, er hat den Mangel unverzüglich angezeigt – die Miete für 3 Wochen kürzen. Da er die Aprilmiete aber bereits am Monatsanfang bezahlt hat, kann er entweder den Minderungsbetrag von Ihnen zurückfordern oder die Maimiete entsprechend kürzen. Klauseln im Mietvertrag, die eine solche Verrechnung verbieten, sind generell unwirksam. Gut zu wissen: Manche Mieter kürzen mit Rücksicht auf das gute Verhältnis zu Ihnen die Miete nicht sofort, sondern zahlen unter Vorbehalt (insbesondere bei kleineren Mängeln). Dieses Entgegenkommen sollten Sie honorieren, indem Sie den Mangel zügig beseitigen (lassen). Tun Sie das nicht, müssen Sie damit rechnen, dass der Mieter die Miete rückwirkend mindert.

Halten Sie die vorgenommene Minderung für ungerechtfertigt, weil der Mangel Ihrer Meinung nach unerheblich ist, vom Mieter selbst verschuldet wurde oder ihm bereits bei Vertragsabschluss bekannt war, dann teilen Sie das Ihrem Mieter mit und versuchen Sie, mit ihm zu einer Einigung zu kommen. Ist das nicht möglich, fordern Sie ihn schriftlich auf, die noch ausstehende Miete innerhalb einer bestimmten Frist zu bezahlen. Kommt Ihr Mieter dieser Aufforderung nicht nach, bleibt Ihnen nur, ihn zu verklagen. Halten Sie die vorgenommene Mietminderung zwar grundsätzlich für berechtigt, aber zu hoch, muss ebenfalls das Gericht entscheiden, wenn Sie und Ihr Mieter sich nicht auf einen Betrag einigen können.

Wichtig: Bei einer Mietminderung können Sie Ihrem Mieter nicht wegen Mietrückstand kündigen, selbst wenn sich hinterher herausstellt, dass sie unberechtigt oder zu hoch angesetzt war. Nur wenn offensichtlich ist, dass durch die Mietminderung ein Zahlungsverzug kaschiert werden soll oder sie in einem krassen Missverhältnis zum Mangel steht, können Sie Maßnahmen gegen den Mieter ergreifen.

■ Das Recht auf Mangelbeseitigung

Da viele Vermieter sehr zurückhaltend sind, wenn es um die Beseitigung von Mängeln geht, hat der Gesetzgeber dem Mieter – unabhängig von seinem Recht auf Mietminderung – einige Möglichkeiten gegeben, um seinem Anspruch auf Mängelbeseitigung Nachdruck zu verleihen. Reagieren Sie nicht auf seine Mängelanzeige, kann er, nachdem er Ihnen nochmals eine angemessene Frist zur Beseitigung des Mangels gesetzt hat (üblich sind 14 Tage, je nach Schwere des Mangels und Dringlichkeit kann die Frist aber auch länger beziehungsweise kürzer ausfallen), von seinem Zurückbehaltungsrecht Gebrauch machen. Das heißt konkret, dass er einen weiteren Teil der Miete einbehalten kann, bis Sie den Mangel behoben haben. Maximal zulässig ist dabei eine Summe in Höhe des dreifachen Minderungsbetrags, einige Gerichte halten aber auch den drei- bis fünffachen Reparaturbetrag für angemessen. Achtung: Die zurückbehaltene Miete muss der Mieter – im Gegensatz zur Mietminderung – nachzahlen, sobald der ordnungsgemäße Zustand der Wohnung wiederhergestellt ist.

Neben dem Zurückbehaltungsrecht steht Ihrem Mieter ein sogenanntes Selbstbeseitigungsrecht zu, was bedeutet, dass er den Mangel auch selbst beheben oder selbst einen Handwerker beauftragen darf. Doch Voraussetzung dafür, dass er die Reparaturkosten – einschließlich Zinsen – von Ihnen zurückverlangen oder mit der Miete verrechnen kann, ist, dass Sie sich mit der Beseitigung des Mangels in Verzug befinden. Das ist dann der Fall, wenn Sie trotz Aufforderung und Fristsetzung nichts unternommen haben. Darüber hinaus kann er auch einen Kostenvorschuss verlangen.

ACHTUNG
Selbstbeseitigungsrecht

Eine Ausnahme bilden Notreparaturen. Fällt im tiefsten Winter die Heizung aus oder bricht eine Wasserleitung, darf der Mieter – nach einem erfolglosen Anruf bei Ihnen beziehungsweise beim Hausmeister oder der Hausverwaltung – ebenfalls selbst handeln, da das übliche Vorgehen viel zu lange dauern würde.

Sie sind aber nur verpflichtet, dem Mieter die tatsächlich erforderlichen Aufwendungen zu ersetzen. Reklamiert er beispielsweise ein undichtes Fenster, müssen Sie nur die Kosten für das Abdichten bezahlen (sofern das möglich ist) und nicht den Einbau eines neues Fensters. Auch einen neuen Herd müssen Sie nicht bezahlen, wenn die Reparatur des alten möglich und billiger gewesen wäre. Ebenfalls nicht unter die erforderlichen Aufwendungen fallen „Zusatzleistungen", also beispielsweise eine andere kleine Reparatur, die der Mieter gleich mit ausführen lässt. Wählt er von mehreren möglichen Varianten die teuerste, sollten gute Gründe dafür sprechen, denn sonst droht ihm auch hier ein Abschlag. Hält sich der Mieter nicht an das vorgeschriebene Vorgehen, müssen Sie gar nicht bezahlen.

Gut zu wissen: Ist der Gebrauch der Wohnung durch den Mangel erheblich eingeschränkt oder die Gesundheit des Mieters gefährdet, sodass ein Verbleib im Mietobjekt nicht zumutbar ist, kann er fristlos kündigen.

■ Das Recht auf Schadenersatz

Beeinträchtigt ein Mangel nicht nur den Gebrauch der Wohnung, sondern führt darüber hinaus zu Schäden am Eigentum oder an der Gesundheit des Mieters, kann er Schadenersatz von Ihnen verlangen. Voraussetzung dafür ist aber – anders als bei der Mietminderung und dem Recht auf Mangelbeseitigung –, dass Sie ein Verschulden trifft oder der Mangel schon bei Abschluss des Mietvertrags vorhanden war. Ein Beispiel: Aus der Wohnung oberhalb dringt Wasser durch die Decke, weil dort die Waschmaschine ausgelaufen ist. Wände und Decken werden teilweise durchfeuchtet und auch der Fernseher überlebt den Wassereinbruch nicht. In diesem Fall kann Ihr Mieter zwar verlangen, dass Sie den Schaden an der Wohnung beseitigen, also die betroffenen Wände und Decken neu streichen beziehungsweise tapezieren lassen, aber für den kaputten Fernseher müssen Sie nicht aufkommen, weil Sie diesbezüglich keine Schuld trifft. Die liegt beim Mieter oberhalb, sofern er seine Sorgfaltspflicht verletzt und die Maschine unbeaufsichtigt gelassen hat. Wäre der

Schaden jedoch durch ein undichtes Dach entstanden, das auch schon bei Vertragsabschluss undicht gewesen ist, müssten Sie den Fernseher ersetzen (Ausnahme siehe Seite 55).

Kommen Sie Ihrer Pflicht zur Mängelbeseitigung trotz Mahnung nicht nach, machen Sie sich ebenfalls schadenersatzpflichtig. Sie haften dann für alle Schäden, die infolge des Mangels entstanden sind oder noch entstehen.

Fast immer Vermietersache – Instandhaltung und Instandsetzung

Wie bereits im zweiten Kapitel beschrieben, müssen Sie als Vermieter alle zur Instandhaltung oder Instandsetzung notwendigen Arbeiten fachmännisch durchführen (lassen) und die Kosten dafür übernehmen (siehe Seite 49f.).

Sie dürfen deswegen die Miete nicht erhöhen und die entstandenen Ausgaben nur in wenigen Fällen auf Ihren Mieter abwälzen – und auch nur dann, sofern dies eindeutig im Mietvertrag vereinbart wurde und die Reglung gültig ist.

Kleinreparaturen

Die erste Ausnahme sind die sogenannten Kleinreparaturen. In fast jedem Mietvertrag findet sich eine Klausel, die den Mieter dazu verpflichtet, Bagatellreparaturen, wie den tropfenden Wasserhahn oder den verschlissenen Rollladengurt, selbst zu bezahlen. Das ist zulässig, aber die Wirksamkeit der Klausel ist an bestimmte Voraussetzungen gebunden:

- Die Kosten je Reparatur dürfen 100 Euro nicht übersteigen.

- Die Gesamtkosten pro Jahr müssen begrenzt sein. Die Angaben variieren hier zwischen 8 Prozent der Jahresmiete und einer Nettomonatsmiete.

- Die Klausel darf sich nur auf Gegenstände erstrecken, die dem direkten und häufigen Gebrauch des Mieters dienen. Dazu zählen Türbeschläge, Rollläden, Kocheinrichtungen sowie Installationsgegenstände für Wasser, Gas und Heizung.

- Der Mieter darf nicht verpflichtet werden, die Reparaturen selbst auszuführen oder selbst einen Handwerker zu beauftragen. Er muss lediglich die Kosten übernehmen.

Entsprechend könnte eine solche Klausel wie folgt lauten: „Reparaturkosten an allen dem Zugriff des Mieters unterliegenden Einrichtungen hat der Mieter dem Vermieter zu erstatten, soweit im Einzelfall die Kosten 100 Euro, im Mietjahr 8 % der Nettojahresmiete nicht überschreiten."

Achtung: Bei Rechnungsbeträgen über 100 Euro handelt es sich nicht mehr um eine Kleinreparatur. Das heißt, der Mieter muss diese nicht, auch nicht anteilig, bezahlen. Enthält der Mietvertrag keine entsprechende oder eine ungültige Regelung, muss er ebenfalls nicht bezahlen.

◼ Schönheitsreparaturen

Eine weitere Ausnahme bilden die mittlerweile fast schon berüchtigten Schönheitsreparaturen. Berüchtigt deshalb, weil sie nicht nur regelmäßig Anlass für Auseinandersetzungen sind, sondern auch weil die jüngsten Urteile zu diesem Thema für viel Verunsicherung bei Mietern und Vermietern gesorgt haben. Aber der Reihe nach:

Der Begriff Schönheitsreparaturen klingt vielleicht unbestimmt, ist aber vom Gesetzgeber genau definiert. Sie umfassen

- das Tapezieren, Anstreichen oder Kalken der Wände und Decken,

- das Streichen der Heizkörper und -rohre,

- das Streichen der Innentüren,

- das Streichen der Eingangstür sowie der Fenster von innen (gegebenenfalls auch der Fensterbänke).

Auch das Streichen der Fußböden gehört laut der Zweiten Berechnungsverordnung zu den Schönheitsreparaturen, doch das ist längst nicht mehr zeitgemäß. Ob an seine Stelle das Reinigen vorhandener Teppichböden tritt, ist umstritten und noch nicht höchstrichterlich entschieden. Überhaupt ist der Begriff „Reparaturen" hier eher irreführend, denn es handelt sich im Grunde um „Kosmetik", also um die Beseitigung der ganz normalen Verschleißerscheinungen, die lediglich die Optik des Mietgegenstands beeinträchtigen. Und nur die können Sie dem Mieter durch eine entsprechende Vereinbarung im Mietvertrag aufbürden, nicht aber die Beseitigung von Schäden an der Substanz der Räume. Gut zu wissen: Ebenfalls zu den Schönheitsreparaturen gehören die bei Malerarbeiten üblichen Vorbereitungen wie Schleifen und Spachteln sowie das Beseitigen von altersbedingten kleinen Rissen. Größere Risse und Putzschäden muss der Mieter aber nicht ausbessern. Auch die Durchführung von Glasarbeiten sowie Arbeiten an der Elektrik und an Türschlössern fallen nicht unter Schönheitsreparaturen – genauso wenig wie das Abschleifen und Versiegeln von Parkettböden oder das Erneuern von Teppichböden. Zudem muss der Mieter Schönheitsreparaturen nur innerhalb seiner Wohnung ausführen. Der Hausflur oder das Treppenhaus, der Dachboden, der Keller, die Garage und auch der Balkon sind – genauso wie sämtliche Außenarbeiten – allein Ihre Sache.

Trotzdem können die Kosten für Schönheitsreparaturen erheblich sein, sodass der Gesetzgeber und vor allem die Rechtsprechung hohe Anforderungen an die jeweilige Vertragsklausel stellen. Grundsätzlich gilt: Der Mieter darf nicht verpflichtet werden, mehr zu renovieren, als er abgewohnt hat. Dementsprechend sind Klauseln, nach denen der Mieter die Wohnung bei Einzug (Anfangsrenovierungsklausel) oder bei Auszug (Endrenovierungspflicht) auf jeden Fall renovieren muss, unwirksam. Auch die in vielen alten Verträgen verwendete Fristenregelung, wonach der Mieter die Schönheitsreparaturen „mindestens alle x Jahre (nach Räumen gestaffelt)" durchzuführen hat, hält einer gerichtlichen Prüfung nicht stand. Der Grund: Sie verpflichtet den Mieter, tätig zu werden, unabhängig davon, ob die Mieträume tatsächlich renovierungsbedürftig sind oder nicht. Darin sieht der BGH eine unangemessene Benachteiligung, die zur Unwirksamkeit der Schönheitsreparaturklausel führt.

Aufgrund dieser Einschätzung enthalten die meisten Verträge heute sogenannte weiche Fristen, also eine Regelung, nach der die Schönheitsreparaturen „üblicherweise/in der Regel/im Allgemeinen/ grundsätzlich nach x Jahren auszuführen

sind". Das lässt dem Mieter genügend Raum, nachzuweisen, dass – zum Beispiel aufgrund besonders pfleglicher Behandlung oder häufiger Abwesenheit – in diesem konkreten Fall eine Renovierung noch nicht nötig ist. Darüber hinaus müssen sich die festgelegten Fristen in einem üblichen Rahmen bewegen, die unterschiedliche Abnutzung der verschiedenen Räume berücksichtigen und dürfen erst mit Einzug des Mieters zu laufen beginnen. Legt die Formulierung der Klausel etwas anderes nahe, ist sie trotz flexibler Fristen ungültig. Einen Orientierungsmaßstab, wann eine Renovierung im Allgemeinen notwendig ist, hat der BGH bereits in einem früheren Urteil gegeben:

- Küche, Bad und Duschräume: alle 3 Jahre

- Wohn- und Schlafräume sowie Flur, Diele und Toiletten: alle 5 Jahre

- Alle anderen Nebenräume: alle 7 Jahre

Dieser Turnus gilt allerdings nur für das Streichen von Wänden und Decken. Lackarbeiten an Fenstern, Türen und Heizkörpern sind in allen Räumen frühestens nach 7 Jahren durchzuführen. Doch wackeln diese Fristen. Schließlich sei die Qualität der Farbe inzwischen deutlich besser und ein Heizen mit Kohle nicht mehr üblich, sodass heute längere Fristen angemessen seien – so die Argumentation, der sich bereits erste Gerichte angeschlossen haben. Sie halten einen Turnus von 5 und 7 Jahren beziehungsweise von 5, 8 und 10 Jahren für verhältnismäßig, insbesondere bei neuen Mietverträgen. Gut zu wissen: Werden die vereinbarten Schönheitsreparaturen während der Mietzeit fällig, kann der Mieter diese vornehmen (lassen), muss es aber nicht (LG Berlin, S 309/95). Nur wenn durch die Unterlassung eine substanzielle Gefährdung der Wohnung droht, können Sie ihn dazu zwingen (was praktisch fast nie der Fall ist). Allerdings sind die Arbeiten spätestens beim Auszug des Mieters nachzuholen.

ACHTUNG Die Folgen unwirksamer Vereinbarungen

Ist die vereinbarte Schönheitsreparaturklausel unwirksam, tritt automatisch die gesetzliche Regelung an ihre Stelle. Und die lautet: Die Schönheitsreparaturen sind Sache des Vermieters. Der Mieter muss also weder während der Mietzeit noch bei Auszug renovieren. Das Gleiche gilt, wenn Ihr Mietvertrag diesbezüglich überhaupt keine Regelung enthält. In diesen Fällen genügt es, wenn der Mieter Ihnen die Wohnung besenrein übergibt.

Doch auch damit lässt sich die Frage, ob eine Schönheitsreparaturklausel nun tatsächlich wirksam ist oder nicht, nicht beantworten. Zu vielfältig sind die Stolperfallen und manchmal genügt bereits ein falsches Wort, damit die gesamte Klausel unwirksam wird. So ist es zum Beispiel selbst unter Richtern umstritten, ob eine sogenannte Bedarfsklausel („Der Mieter ist verpflichtet, Schönheitsreparaturen während der Mietzeit bei Bedarf/nach Notwendigkeit auf eigene Kosten durchzuführen") den Anforderungen des BGH genügt. Unstrittig wirksam hingegen ist die Formulierung „Der Mieter trägt die Kosten der Schönheitsreparaturen". Wird dazu nichts weiter ausgeführt, richten sich die Fristen nach den Empfehlungen des BGH.

Wird eine an sich wirksame Schönheitsreparaturklausel mit einer unwirksamen Regelung kombiniert, wird sie in vielen Fällen ebenfalls unwirksam. Das ist zum Beispiel dann der Fall, wenn eine Verknüpfung mit einer unwirksamen Anfangs- oder Endrenovierungsklausel vorgenommen wird. Aber auch Vereinbarungen, die vom Mieter verlangen, einen Fachhandwerker mit den Renovierungsarbeiten zu beauftragen, führen zur Unwirksamkeit. Denn das Recht, die Schönheitsreparaturen selbst auszuführen, darf ihm nicht genommen werden. Ebenfalls unzulässig ist eine Ausweitung der Schönheitsreparaturen. Wird gefordert, dass er zudem die Außenseite der Fenster streichen soll, verliert die Vereinbarung ihre Gültigkeit – und zwar nicht nur hinsichtlich dieser Arbeiten, sondern insgesamt. Das Gleiche gilt für eine sogenannte Farbwahlklausel. Schreibt der Vertrag eine bestimmte Farbe oder auch „Ausführungsart" vor, ist das eine unzumutbare Einschränkung. Lediglich für das Ende der Mietzeit können Sie als Vermieter – sofern zu diesem Zeitpunkt entsprechende Arbeiten durchzuführen sind – Vorgaben machen, zum Beispiel: „Die Mieträume sind am Ende der

Mietzeit in neutralen hellen, deckenden Farben und Tapeten zurückzugeben." Oder: „Lackierte Holzteile sind in dem Farbton zurückzugeben, wie er bei Vertragsbeginn war (insbesondere Fenster und Türen); farbig gestrichene Holzteile können auch in Weiß oder hellen Farbtönen gestrichen zurückgegeben werden."

Muster 4 Schönheitsreparatur- und Abgeltungsklausel

Schönheitsreparaturen

1. Der Mieter übernimmt die Schönheitsreparaturen während des Mietverhältnisses.

2. Unter Schönheitsreparaturen werden insbesondere verstanden: das fachgerechte Streichen oder Tapezieren der Decken und Wände, das Streichen, Lackieren beziehungsweise Lasieren der Innentüren, der Fenster und Außentüren von innen sowie der Heizkörper, einschließlich der Heizungsrohre beziehungsweise deren sachgerechte Pflege. In der Regel werden Schönheitsreparaturen in den Mieträumen in folgenden Zeitabständen erforderlich sein: in Küchen, Bädern und Duschen circa alle 5 Jahre; in Wohn- und Schlafräumen, Fluren, Dielen und Toiletten circa alle 8 Jahre; in Nebenräumen alle 10 Jahre. Die Fristen laufen jeweils ab Beginn des Mietverhältnisses beziehungsweise von der letzten Durchführung der Schönheitsreparaturen an. Entscheidend ist aber der jeweilige Zustand, sodass dieser Turnus sich verlängern oder verkürzen kann. Eine Anfangsrenovierung schuldet der Mieter nicht.

3. Endet das Mietverhältnis, bevor Schönheitsreparaturen erstmals oder erneut fällig werden, verpflichten sich die Parteien, über eine angemessene Abfindung zu verhandeln. Diese Verpflichtung entfällt, wenn der Mieter die Schönheitsreparaturen selbst fachgerecht ausführt oder ausführen lässt.

Aber selbst wenn alle Klauseln wirksam sind, gibt es Fälle, in denen Ihr Mieter trotzdem keine Schönheitsreparaturen durchführen muss:

- Die Wohnung lässt sich aus bautechnischen Mängeln nicht renovieren (massive Putzschäden, feuchte Wände, verschimmelte Fenster etc.).

- Er hat den Mietvertrag – berechtigt – fristlos gekündigt.

- Ein neuer Mieter ist bereits eingezogen und hat die Wohnung auf seine Kosten renoviert.

- Sie möchten die Wohnung nach Auszug des Mieters umbauen oder modernisieren, sodass die Arbeiten im Vorfeld sinnlos wären. Allerdings sind Sie in diesem Fall berechtigt, eine Entschädigung zu verlangen.

- Die Wohnung wird nach dem Auszug des Mieters abgerissen.

Gut zu wissen: Hat Ihr Mieter bei seinem Auszug trotz unwirksamer Schönheitsreparaturklausel renoviert, weil er geglaubt hat, die Vereinbarung wäre gültig, kann er die Erstattung der üblichen Kosten von Ihnen verlangen. Hat er die Arbeiten selbst ausgeführt, müssen Sie ihm das Material und die Kosten für eventuelle Helfer ersetzen sowie seine Freizeit abgelten.

TIPP Abgeltungsklauseln

Zieht Ihr Mieter aus der Wohnung aus, bevor die jeweiligen Renovierungsfristen abgelaufen sind, muss er keine Schönheitsreparaturen durchführen. Deshalb nehmen manche Vermieter eine sogenannte Abgeltungs- oder Quotenklausel mit in den Vertrag auf, die den Mieter verpflichtet, sich anteilig – je nach Wohndauer – an den Renovierungskosten zu beteiligen. Da die Gerichte aber auch hier nur „weiche" Fristen und Quoten akzeptieren, ist es in der Praxis sehr schwierig, eine wirksame Abgeltungsklausel zu formulieren, die trotzdem noch verständlich und nachvollziehbar ist (siehe Seite 87). Und das muss sie sein, sonst verstößt sie gegen das Transparenzgebot und ist – trotz möglicherweise zulässigem Inhalt – unwirksam. Ist die Klausel gültig, kann der Mieter stattdessen auch in Eigenleistung renovieren.

Und dann gibt es natürlich auch noch den Fall, dass Ihr Mieter trotz all der genannten Punkte nicht um die Schönheitsreparaturen „herumkommt". In diesem Fall kann er die notwendigen Arbeiten entweder von einem Fachmann ausführen lassen oder selbst übernehmen. Doch auch dann schuldet er eine fachgerechte Ausführung. Konkret bedeutet das, dass das Ergebnis nicht perfekt sein muss, aber Farb-Nasen, Streifen, ein nicht deckender Anstrich, überlappend geklebte Tapeten oder übermalte Türen und Fenster müssen Sie definitiv nicht akzeptieren. In diesem Fall können Sie – nach erfolgloser Fristsetzung – Schadenersatz verlangen. Ebenfalls schadenersatzpflichtig macht sich Ihr Mieter, wenn er die Arbeiten trotz schriftlicher Aufforderung und Fristsetzung nicht bis zum genannten Termin (üblich ist eine Frist von 2 bis 3 Wochen) ausführt. Und das kann teuer werden, denn neben den Kosten für die Renovierung können Sie auch den Mietausfall geltend machen, sofern Sie beweisen können, dass Sie die Wohnung in dieser Zeit hätten vermieten können. Achtung: Diese Ansprüche verjähren bereits nach 6 Monaten.

Wenn die Wohnung schöner werden soll – Modernisierung

Nah verwandt mit der Instandsetzung und Instandhaltung ist das Thema Modernisierung. Doch während Instandhaltungen und Instandsetzungen dazu dienen, den vertragsmäßigen Zustand der Wohnung zu erhalten beziehungsweise wiederherzustellen, geht es bei der Modernisierung um eine Verbesserung der Mietsache oder um die Einsparung von Energie und Wasser. Typische Modernisierungsmaßnahmen sind beispielsweise der Einbau von Isolierglasfenstern, Schallschutz- und Wärmedämmmaßnahmen, Einbau einer Zentralheizung, Anbau von Balkons, Verbesserung der sanitären Anlagen oder des Wohnungszuschnitts. Da jedoch mit einer Modernisierung in aller Regel auch eine Mieterhöhung verbunden ist, muss Ihr Mieter sie nicht in jedem Fall dulden. Stellen die Maßnahmen für ihn eine unzumutbare Härte dar, müssen Sie auf die Modernisierung verzichten. Das ist dann der Fall, wenn ...

- ... die Bauarbeiten mit erheblichen Belästigungen wie Lärm und Schmutz verbunden sind und die Wohnung deshalb nicht oder nur eingeschränkt genutzt werden kann. Hierbei spielen vor allem das Alter des Mieters und gesundheitliche Aspekte eine Rolle.

- ... die Modernisierung die Wohnung stark verändert, sie beispielsweise deutlich vergrößert oder die Raumaufteilung und den Zuschnitt erheblich ändert.

- ... durch die Modernisierung vorausgegangene Investitionen des Mieters zunichte gemacht werden (sofern diese mit Ihrer Zustimmung erfolgt sind, siehe Seite 92). Dabei gilt: Kosten in Höhe einer Jahresmiete sind nach 4 Jahren „abgewohnt" (LG Berlin GE 2005, 58).

- ... die mit der Modernisierung verbundene Mieterhöhung eine unverhältnismäßige Belastung darstellt. Dieses Argument gilt jedoch nicht, wenn die Wohnung lediglich in einen allgemein üblichen Zustand versetzt wird. Ihr Mieter kann sich erst darauf berufen, wenn der geplante Standard darüber hinausgeht. Als Belastungsgrenze gilt dabei eine Miete in Höhe von 20 bis 30 Prozent des Nettohaushaltseinkommens. Nur wenn es durch die Modernisierung zu einer höheren Belastung für den Mieter kommt, kann er sie zurückweisen.

Aber auch wenn die Modernisierung den Wohnwert der Wohnung nur geringfügig verbessern würde oder unwirtschaftlich wäre, kann Ihr Mieter sie als unzumutbar ablehnen.

Ebenfalls eine Voraussetzung für die Duldungspflicht von Modernisierungsmaßnahmen ist, dass Sie Ihren Mieter rechtzeitig und umfassend über die geplanten Arbeiten informieren. Sie müssen sie mindestens 3 Monate im Voraus schriftlich ankündigen und dabei Art und Umfang, Beginn und voraussichtliche Dauer sowie die voraussichtliche Mieterhöhung mitteilen. Erfolgt die Ankündigung zu spät oder nicht formgerecht, kann Ihr Mieter die Modernisierung auch deswegen verweigern, Sie können sie aber erneut ankündigen.

Will Ihr Mieter die Modernisierung trotz Duldungspflicht nicht hinnehmen, steht ihm ein Sonderkündigungsrecht zu. Er kann in diesem Fall bis zum Ende des nächsten Monats nach Erhalt der Ankündigung zum Ende des darauffolgenden Monats kündigen (das gilt auch bei einem Zeitmietvertrag, der noch länger laufen würde).

TIPP Nicht der Rede wert

Handelt es sich bei der Modernisierung lediglich um Bagatellmaßnahmen, die weder zu einer größeren Beeinträchtigung noch zu einer wesentlichen Mieterhöhung führen, ist keine Ankündigung notwendig und auch das Sonderkündigungsrecht des Mieters entfällt.

Achtung: Ihr Mieter hat Anspruch darauf, dass Sie ihm alle Kosten ersetzen, die ihm in Zusammenhang mit der Modernisierung entstehen.

Herrn
Hubert Carstens
Holsteiner Chaussee 1

22457 Hamburg

Frank Lohmann
Luruper Hauptstr. 52
22547 Hamburg
Tel. 040/56 89 00 1

[Datum]

Mietwohnung Holsteiner Chaussee 1, 2. Stock, links
Ankündigung von Modernisierungsmaßnahmen

Sehr geehrter Herr Carstens,

in der von Ihnen gemieteten Wohnung sollen demnächst folgende Maßnahmen zur Verbesserung der Mietsache [zur Einsparung von Energie/Wasser] vorgenommen werden:

[Genaue Beschreibung der geplanten Maßnahmen und des Umfangs der Arbeiten; bei größeren Maßnahmen empfiehlt sich eine Aufschlüsselung nach Gewerken.]

Mit den Arbeiten wird am [Datum] begonnen und sie werden voraussichtlich bis [Datum] dauern. [Bei umfangreichen Arbeiten sollte hier – sofern möglich – ebenfalls eine Aufschlüsselung nach Gewerken erfolgen.] Alle am Bau Beteiligten sind gehalten, die Beeinträchtigungen so gering wie möglich zu halten, sodass die Bewohnbarkeit Ihrer Wohnung auch weiterhin gegeben sein wird.

Die zu erwartenden Kosten werden gemäß den beigefügten Kostenvoranschlägen voraussichtlich [Angabe Euro] betragen. [Sofern notwendig:] Davon entfällt ein Anteil von [Angabe Euro] auf Ihre Wohnung. [Aufteilung gemäß Wohnfläche oder nach Wohneinheiten möglich.] Von dieser Summe werden 11 Prozent Ihrer Jahresmiete zugeschlagen werden, also [Angabe Euro]. Ihre neue Monatsmiete beträgt somit voraussichtlich [Angabe Euro]. Eine entsprechende Mieterhöhungserklärung wird Ihnen nach Fertigstellung der Arbeiten zusammen mit einer Aufstellung der endgültigen Kosten zugehen.

Bitte bestätigen Sie mir Ihr Einverständnis mit der Duldung der Arbeiten schriftlich bis zum [Datum]. Eventuelle Einwendungen bitte ich Sie, mir ebenfalls schriftlich bis zu diesem Datum mitzuteilen.

Mit freundlichen Grüßen

Wenn der Mieter selbst Hand anlegt – Umbauten, Anbauten, Einbauten

Gerade uns Deutschen ist ein behagliches, schönes Zuhause sehr wichtig und wir sind bereit, dafür viel Zeit und Geld aufzuwenden. Doch der Mieter sollte seinen Verschönerungs- und Heimwerkerdrang etwas zügeln, denn für bauliche Veränderungen an den Mieträumen sowie Einbauten braucht er Ihre Erlaubnis, sofern es sich dabei nicht um Maßnahmen handelt, die problemlos wieder rückgängig gemacht werden können. Konkret heißt das, dass Ihr Mieter, ohne zu fragen, zwar einen neuen Teppichboden verlegen, das WC beziehungsweise Waschbecken austauschen, eine Einbauküche montieren oder eine Außenjalousie anbringen (sofern diese die Optik der Hausfassade nicht beeinträchtigt), aber keine neuen Heizkörper installieren, keine Wand durchbrechen, keine zweites Bad einbauen, keine Fenster austauschen und den Balkon nicht überdachen darf. Ob Sie ihm Ihre Zustimmung erteilen, liegt dabei ausschließlich in Ihrem Ermessen. Nur in Ausnahmefällen, wenn die Baumaßnahme unbedingt notwendig ist (zum Beispiel das Verlegen einer neuen Stromleitung) oder dazu dient, die Wohnung behindertengerecht umzugestalten, können Sie Ihre Zustimmung nicht verweigern. Es ist sogar zulässig, wenn Sie diese von der Leistung einer zusätzlichen Kaution (in Höhe der voraussichtlichen Rückbaukosten) und/oder vom Abschluss einer Haftpflichtversicherung abhängig machen. Denn Schäden, die durch die „Bauarbeiten" entstehen, muss Ihnen Ihr Mieter ersetzen.

TIPP Treffen Sie eine Vereinbarung

Plant Ihr Mieter einen größeren Umbau oder teure Einbauten, gegen die Sie im Grunde nichts haben, sollten Sie – im Interesse der Fairness – eine Vereinbarung mit ihm treffen, was bei seinem Auszug damit passieren soll. Zwar liegt das Risiko aufseiten des Mieters (siehe Seite 142f.), aber so haben beide Seiten von vornherein Klarheit.

Wohnt er schon oder besucht er noch? – Untervermietung

Viele Vermieter reagieren geradezu allergisch, wenn ihr Mieter das Thema Untervermietung zur Sprache bringt. Der Grund: Sie wollen niemanden in ihrer Wohnung/ihrem Haus haben, den sie nicht kennen/nicht ausgesucht haben.

Doch so sehr es Ihnen auch widerstreben mag, in bestimmten Fällen müssen Sie einen Untermieter akzeptieren. Doch der Reihe nach:

Eine Untervermietung liegt laut BGB vor, wenn Ihr Mieter die Mietsache einem Dritten – entgeltlich oder unentgeltlich – überlässt. Es handelt sich also auch dann um eine Untervermietung, wenn er die Wohnung oder Teile davon einem Freund kostenlos zur Verfügung stellt. Und dafür braucht er Ihre Erlaubnis. (Die Grenze zwischen Besuch und Untervermietung ist übrigens dann überschritten, wenn der Besucher sich länger als 3 Monate in der Wohnung aufhält.) Ob Sie ihm diese verweigern können, hängt von verschiedenen Faktoren ab.

TIPP Wer ist ein „Dritter"?

Für die Aufnahme des Ehegatten/eingetragenen Lebenspartners, von Kindern und Eltern sowie zum Haushalt gehörenden Bediensteten oder Pflegekräften in die Wohnung benötigt Ihr Mieter keine Erlaubnis. Auch mit dem Einzug eines Lebensgefährten müssen Sie sich in der Regel einverstanden erklären (BGH WuM 2003, 688). Alle anderen Verwandten sowie Freunde, Bekannte und Fremde gelten als Dritte im Sinne des Gesetzes.

Zunächst einmal kommt es darauf an, ob Ihr Mieter die Wohnung komplett untervermieten will oder nur einen Teil davon, zum Beispiel ein möbliertes Zimmer. Im ersten Fall, der sogenannten Weitervermietung, ist die Entscheidung allein

Ihnen überlassen. Nur bei der sogenannten Teilvermietung kann er unter Umständen einen Anspruch auf Erteilung der Erlaubnis geltend machen. Dazu müssen jedoch folgende Voraussetzungen erfüllt sein:

- Ihr Mieter hat ein berechtigtes Interesse: Hier kommen sowohl persönliche als auch wirtschaftliche Gründe in Betracht, also beispielsweise die Aufnahme eines in Not geratenen Angehörigen oder Freundes, der Auszug der Kinder, verringerte Einkünfte (Arbeitslosigkeit) oder der Wunsch, bei einer beruflich notwendigen doppelten Haushaltsführung Kosten zu reduzieren.

- Die vorgebrachten Gründe haben nicht schon bei Abschluss des Mietvertrages existiert, sondern sind erst danach entstanden.

- In der Person des Untermieters darf kein wichtiger Grund vorliegen, der die Untervermietung für Sie als Vermieter unzumutbar macht. Das ist zum Beispiel der begründete Verdacht, dass der Untermieter den Hausfrieden stören oder die Mieträume beschädigen wird. Die Einkommensverhältnisse kommen hingegen nicht als Ablehnungsgrund in Betracht (LG Hamburg 334 S 111/90 WuM 1991, Seite 585). Wichtig: Ihr Mieter muss Ihnen auf jeden Fall den Namen des potenziellen Untermieters mitteilen, weitergehende Angaben jedoch nicht. Unterlässt er das, erfüllt sein Zustimmungsbegehren nicht die gesetzlichen Anforderungen und er hat keinen Anspruch auf Untervermietung.

- Die Mieträume dürfen auch weiterhin nur zu dem im Mietvertrag bestimmten Zweck genutzt werden. Eine wesentlich davon abweichende Nutzung gilt ebenfalls als unzumutbar (OLG Köln 20 U166/95, WuM 1997, Seite 620).

- Die Mieträume dürfen durch die Untervermietung nicht überbelegt sein. Ab wann das der Fall ist, lässt sich nur im Einzelfall klären. Allgemein gilt, dass keine Überlegung vorliegt, wenn jeder Erwachsene oder je zwei Kinder bis zum 13. Lebensjahr rechnerisch 12 Quadratmeter Wohnfläche zur Verfügung haben.

Gut zu wissen: Verweigern Sie dem Mieter Ihre Zustimmung, steht ihm ein Sonderkündigungsrecht zu. Er kann dann unter Einhaltung der gesetzlichen Kündigungsfrist kündigen. Vermietet Ihr Mieter ohne Ihre Erlaubnis unter, können Sie ihm nach erfolgloser Abmahnung fristlos kündigen. Ausnahme: Hat der Mieter Ihre Zustimmung nicht abgewartet, obwohl er einen Anspruch auf Untervermietung gehabt hätte, können Sie ihm nur ordentlich kündigen.

Haustiere – nicht bei allen Vermietern beliebt

Die Frage, ob Ihr Mieter Tiere in der Wohnung halten darf, ist nicht so leicht zu beantworten. Am besten machen Sie sich über das Thema Tierhaltung schon vorab Gedanken und nehmen einen entsprechenden Passus in den Mietvertrag auf. Denn enthält dieser keine Regelung, sind Konflikte programmiert. Grundsätzlich gilt dann zwar, dass dem Mieter die Tierhaltung gestattet ist, doch kaum eine Frage ist im Mietrecht so umstritten wie die Hundefrage: Darf sich der Mieter einen Hund anschaffen, ohne vorher mit dem Vermieter zu reden? Die meisten Gerichte sagen Nein, er benötigt dazu die Erlaubnis des Vermieters, da mit der Haltung eines Hundes immer eine Belästigung und Gefährdung der Mitbewohner verbunden ist. Doch auch hier gibt es Ausnahmen: Handelt es sich um einen sehr kleinen Hund, bestehen vonseiten der Gerichte deutlich weniger Bedenken. Zudem macht es einen Unterschied, ob das neue Zuhause des Vierbeiners ein Einfamilienhaus mit Garten ist oder eine kleine Wohnung in einem Mehrparteienhaus. Etwas eindeutiger ist die Lage hinsichtlich der Haltung einer Katze, da es hier nach überwiegender Meinung der Gerichte in der Regel nur zu geringfügigen Belästigungen kommt. Entsprechend erlauben sie die Anschaffung auch ohne vorherige Genehmigung durch den Vermieter.

Besser ist, Sie schaffen von vornherein Klarheit: Sie haben als Tierfreund nichts dagegen, dass Ihre Mieter Haustiere halten? Dann können Sie das bereits im Vertrag klarstellen.

Sie wünschen generell keine Tierhaltung? Dann nehmen Sie einen entsprechenden Verbotspassus auf. Doch Vorsicht: Eine Klausel, welche die Tierhaltung generell untersagt, ist unwirksam. Denn die Haltung von Kleintieren wie Ziervögel, Meerschweinchen, Schildkröten, Hamster und Zierfische ist generell erlaubt (BGH, VII ZR 10/92). Auch darf Ihr Mieter Besuch empfangen, der ein Tier mitbringt – solange sich das im üblichen Rahmen bewegt. Erfolgen die Besuche häufig und in sehr kurzen Abständen oder bleibt das Tier öfter über Nacht, können Sie sehr wohl dagegen vorgehen.

Sie wollen von Fall zu Fall entscheiden? Auch das ist möglich. Allerdings gehen Sie dabei das Risiko ein, dass Sie dann doch nicht so frei entscheiden können, wie Sie vielleicht möchten. Denn einige Gerichte gehen bei einer Regelung, die generell die Zustimmung des Vermieters voraussetzt, davon aus, dass Sie diese nicht ohne „gewichtigen Grund" (nicht artgerechte Haltung, Belästigung oder Gefährdung von Mitbewohnern ...) verweigern dürfen (LG Berlin, GE 1993,

Seite 1273). Auch willkürliche Entscheidungen sind nicht zulässig. Das heißt, Sie dürfen die Haltung einer Katze nicht verbieten, wenn Sie diese einem anderen Mieter bereits gestattet haben. Und Sie müssen die persönlichen Belange des Mieters berücksichtigen. Dient das Tier zum Beispiel einem therapeutischen Zweck oder handelt es sich dabei um einen Blindenhund, können Sie eine Ablehnung nur in absoluten Ausnahmefällen rechtfertigen. Aber auch der Wunsch eines Alleinstehenden nach Gesellschaft ist durchaus ein Argument. Wichtig: Sie können eine einmal erteilte Erlaubnis auch wieder zurückziehen. Allerdings brauchen Sie dazu ebenfalls einen guten Grund. Die Duldung über einen längeren Zeitraum gilt als stillschweigende Zustimmung.

Hat sich Ihr Mieter trotz Verbot ein entsprechendes Tier zugelegt, können Sie verlangen, dass er es wieder abschafft. Diesen Anspruch können Sie zur Not sogar gerichtlich durchsetzen. Ob Sie ihm deswegen auch kündigen können, ist hingegen umstritten. Manche

Gerichte bejahen diese Frage, wenn Sie ihn davor abgemahnt haben und er die verbotswidrige Tierhaltung trotzdem fortsetzt. Andere halten eine Kündigung nur dann für zulässig, wenn von dem Tier zusätzlich eine Gefahr oder Belästigung ausgeht.

Meine Wohnung gehört mir – Betretungsrecht des Vermieters

Ihr Mieter hat das Hausrecht für die gemieteten Räume, das heißt, niemand darf sie gegen seinen Willen betreten oder sich dort aufhalten – auch Sie nicht. Allerdings haben Sie als Eigentümer natürlich ein berechtigtes Interesse, die Wohnung hin und wieder in Augenschein zu nehmen. Darüber hinaus müssen Sie Ihrer Instandhaltungs- und Instandsetzungspflicht nachkommen können, wozu Sie ebenfalls in die Mieträume müssen. Deshalb steht Ihnen unter bestimmten Voraussetzungen ein Betretungs- beziehungsweise Besichtigungsrecht zu. Nähere Ausführungen dazu werden meist im Mietvertrag

vereinbart, aber selbst wenn nicht, muss Ihr Mieter Ihnen in folgenden Fällen Zutritt zu seiner Wohnung gewähren:

- Besichtigung mit Miet- oder Kaufinteressenten: Endet der Mietvertrag oder möchten Sie die Wohnung (beziehungsweise das gesamte Objekt) verkaufen, dürfen Sie sie zusammen mit Interessenten betreten, um sie diesen vorzuführen. Allerdings reicht es, wenn Ihr Mieter Sie zu diesem Zweck einmal wöchentlich für 3 Stunden in die Wohnung lässt. Ständige Störungen durch Besichtigungen muss er nicht hinnehmen.

- Mängel oder Schäden: Sie dürfen die Wohnung zudem betreten, um sie auf ihren Zustand zu überprüfen – gegebenenfalls auch zusammen mit Handwerkern, Gutachtern oder Sachverständigen. Gibt es keine konkreten Hinweise auf einen Mangel oder Schaden, ist eine solche Besichtigung jedoch nur alle 2 Jahre angemessen (AG Münster 28 C 6492/99, WM 2000, 328). Und natürlich auch zur Mangelbehebung muss der Mieter Ihnen beziehungsweise den von Ihnen beauftragten Personen Zutritt gewähren, so weit und so oft das notwendig ist.

In Notfällen dürfen Sie die Wohnung sogar während seiner Abwesenheit betreten (siehe Seite 99f.).

- Vertragswidriger Gebrauch: Haben Sie den begründeten Verdacht, dass Ihr Mieter die Wohnung vorsätzlich beschädigt oder verwahrlosen lässt, dort gefährliche Chemikalien oder Sprengstoffe lagert beziehungsweise benutzt oder ein Gewerbe betreibt, obwohl ihm die Mieträume ausschließlich zu Wohnzwecken überlassen worden sind (siehe Seite 43), muss er eine Besichtigung ebenfalls dulden.

TIPP Die Spielregeln

Steht Ihnen ein Betretungs- beziehungsweise Besichtigungsrecht zu, dürfen Sie deswegen noch lange nicht unangemeldet vor der Tür stehen und Einlass fordern. Vielmehr müssen Sie Ihren Besuch rechtzeitig, das heißt mindestens 48 Stunden vorher, ankündigen. Und Sie müssen dabei auf die persönlichen Belange des Mieters (Urlaub, Krankheit, Berufstätigkeit) Rücksicht nehmen. Auch dürfen Sie einen Besichtigungstermin nicht zur „Unzeit" ansetzen. Als übliche Zeiten gelten: wochentags von 10 bis 13 Uhr und von 15 bis 18 Uhr sowie an Sonn- und Feiertagen von 11 bis 13 Uhr. Es ist zudem das gute Recht Ihres Mieters, einen von Ihnen vorgeschlagenen Termin abzusagen, wenn er ihm ungelegen kommt. Eine Hinhaltetaktik müssen Sie aber nicht dulden. Können Sie sich partout nicht auf einen angemessenen Ersatztermin einigen, muss er eine Person seines Vertrauens damit beauftragen, den Besichtigungstermin an seiner Stelle wahrzunehmen.

Verweigert der Mieter Ihnen grundlos Ihr Betretungsrecht, können Sie dieses notfalls auch gerichtlich durchsetzen. In diesem Fall haben Sie auch Anspruch auf Schadenersatz (zusätzliche Anfahrtskosten von Handwerkern, Mietausfall ...). Keinesfalls jedoch dürfen Sie sich eigenmächtig Zutritt verschaffen (siehe Seite 99).

Wer, wie viele, wofür? – Schlüssel-Fragen

Ihm Rahmen der Wohnungsübergabe müssen Sie Ihrem Mieter sämtliche zum Mietobjekt gehörende Schlüssel aushändigen. Das sind insbesondere die Schlüssel für die Haus- und Wohnungstür, den Briefkasten sowie für alle Nebenräume wie Keller und Dachboden. Wie viele Haus- und Wohnungstürschlüssel Sie dem Mieter zur Verfügung stellen müssen, hängt davon ab, wie viele Personen einziehen werden. Natürlich haben alle Mieter einen Anspruch auf einen eigenen Schlüssel, aber auch Lebensgefährten und größere Kinder sowie andere Erwachsene (zum Beispiel die Eltern der Mieter). Zudem steht dem Mieter ein Ersatzschlüssel zu. Benötigt er zusätzliche Schlüssel, zum Beispiel für einen Untermieter, das Au-pair-Mädchen, die Putzfrau, den Zeitungsboten, die Tagesmutter, den Pflegedienst etc., können Sie ihm das nicht verwehren, solange er die Kosten dafür übernimmt. Er darf die gewünschten Zusatzschlüssel auch selbst nachmachen lassen, muss Sie aber davon in Kenntnis setzen (für bestimmte Sicherheitsschlüssel braucht er ohnehin eine Berechtigungskarte, kommt also gar nicht umhin, Sie über sein Vorhaben zu informieren). Gut zu wissen: Bei Auszug muss der Mieter Ihnen alle Schlüssel zurückgeben, auch die, die er selbst bezahlt hat. Die Kosten hierfür müssen Sie ihm nur erstatten, wenn Sie die zusätzlichen Schlüssel behalten wollen. Ist das nicht der Fall, kann er die Schlüssel vernichten oder unbrauchbar machen (in Ihrer Anwesenheit oder vor Zeugen).

Der Schlüssel „für alle Fälle"

Sie müssen dem Mieter tatsächlich alle Schlüssel aushändigen und dürfen keinen zurückbehalten – auch nicht für Notfälle. Tun Sie das nicht und betreten damit ohne Erlaubnis die Wohnung des Mieters, begehen Sie Hausfriedensbruch, was nicht nur eine Straftat darstellt, sondern den Mieter darüber hinaus zur fristlosen Kündigung berechtigt (LG Berlin, 64 S 305/98). Findet er heraus, dass Sie noch einen Schlüssel für seine Wohnung haben, und weigern Sie sich, diesen herauszugeben, kann er das Schloss auf Ihre Kosten austauschen lassen (AG Köln, 217 C 483/93).

■ Schlüssel weg – was jetzt?

Verliert Ihr Mieter einen Schlüssel, muss er diesen ersetzen (spätestens bei seinem Auszug). Handelt es sich dabei um den Haus- oder Wohnungstürschlüssel, muss er Sie sofort über den Verlust informieren. Ist nicht auszuschließen, dass der verloren gegangene Schlüssel missbraucht werden kann, zum Beispiel weil auf dem Schlüsselanhänger sein Name steht oder er ihn samt Hand- oder Brieftasche (inklusive Personalausweis, Führerschein, EC-Karte etc.) verloren hat, sind Sie berechtigt, die entsprechenden Schlösser auf seine Kosten austauschen zu lassen. Kann Ihr Mieter aber beweisen, dass der Schlüssel auf dem Grund eines Sees oder Gullys ruht und somit kein Schaden damit angerichtet werden kann, besteht ein solcher Anspruch nicht. Ebenfalls für den Schlüsselverlust haften muss er, wenn ihm der Schlüssel gestohlen wird und er dabei seine Sorgfaltspflicht verletzt hat. Das ist zum Beispiel dann der Fall, wenn er den Schlüssel in seinem Auto lässt und dieses aufgebrochen wird. Trifft den Mieter hingegen keine Schuld, beispielsweise weil ihm die Handtasche gewaltsam entrissen wurde, muss er auch nicht für die Folgekosten aufkommen – selbst wenn der Mietvertrag eine anderslautende Vereinbarung enthält.

◼ Radio- und Fernsehempfang – das Recht auf eine Satellitenantenne

Auch bei der Frage, ob eine eigene Satellitenschüssel installiert werden darf, gehen die Interessen von Mieter und Vermieter meist deutlich auseinander. Während Ihr Mieter sich einen möglichst umfassenden Radio- und Fernsehempfang wünscht, sehen Sie vor allem die mit der Anbringung verbundenen Schäden an der Fassade oder dem Dach sowie die optische Beeinträchtigung – denn eine Zierde ist eine solche Antenne sicher nicht. Bleibt also zu klären, wessen Interessen schwerer wiegen. Dabei gilt: Grundsätzlich benötigt Ihr Mieter für das Anbringen oder Aufstellen einer Satellitenantenne Ihre Erlaubnis. Und Sie können nach eigenem Ermessen entscheiden, ob Sie ihm diese erteilen.

In bestimmten Fällen jedoch dürfen Sie ihm Ihre Erlaubnis nicht verweigern, zum Beispiel dann, wenn die Satellitenschüssel so angebracht werden kann, dass die Gebäudesubstanz nicht verletzt und auch die Optik kaum gestört wird. Eine weitere Ausnahme ist, wenn keine ausreichende Informationsversorgung vorhanden ist, das Haus also weder über einen Breitbandkabelanschluss noch über eine Gemeinschaftsantenne verfügt. In großen Städten kann zudem ein Fernsehempfang über das Internet als Alternative in Betracht kommen. Die Tatsache, dass Ihr Mieter mit einer Satellitenantenne mehr Programme empfangen kann als mit der vorhandenen Technik, ist in diesem Zusammenhang kein Argument – wohl aber seine Nationalität und Religionszugehörigkeit. Hat er nämlich keine andere Möglichkeit, um Sender aus seiner Heimat beziehungsweise religiöse Sendungen zu empfangen, können Sie ihm das Anbringen einer Satellitenschüssel nicht verbieten (BVerfG, BvR 1687/92, WuM 1994, Seite 251 beziehungsweise BGH VIII ZR 260/06, WuM 2007, Seite 678). Wichtig: Dürfen an einem Gebäude keine Veränderungen des Erscheinungsbildes vorgenommen werden, zum Beispiel weil es unter Denkmalschutz steht, kann trotzdem ein Verbot ausgesprochen werden.

Hat Ihr Mieter einen Anspruch auf die Erlaubnis für eine Satellitenantenne, dürfen Sie bestimmen, wo die Schüssel angebracht wird, und Sie können verlangen, dass sie von einem Fachmann installiert wird – auf Kosten des Mieters. Zudem können Sie eine zusätzliche Kaution in Höhe des voraussichtlichen Beseitigungsaufwands und den Abschluss einer entsprechenden Haftpflichtversicherung verlangen. Wie für die meisten anderen An- und Einbauten gilt auch hier: Bei Auszug ist die Antenne wieder zu entfernen.

Thema Nummer 1 –
das liebe Geld

Auch wenn rund um das Thema Miete generell viel und mit erstaunlicher Ausdauer gestritten wird, sind zwei Punkte doch besonders heikel: die Nebenkostenabrechung und die Mieterhöhung. Denn hier geht es nicht darum, eine Belästigung abzustellen oder bestimmte Interessen durchzusetzen, sondern um bares Geld. Insofern lohnt es sich besonders, seine diesbezüglichen Rechte und Pflichten zu kennen. Denn beim Geld hören ja bekanntermaßen sowohl Spaß als auch Freundschaft auf.

Meist eine böse Überraschung – die Nebenkostenabrechnung

Rund 21 Millionen Haushalte in Deutschland erhalten auch dieses Jahr wieder ihre Nebenkostenabrechnung. Und in der Regel verheißt das nichts Gutes, denn die Betriebskosten machen ihrem „Spitznamen" – die zweite Miete – mittlerweile alle Ehre. Und auch für die Zukunft müssen wir uns wohl auf steigende Kosten gefasst machen. Umso wichtiger ist es, dass Sie zügig und korrekt abrechnen. Doch wie muss eine ordnungsgemäße Abrechnung aussehen? Welche Kosten dürfen umgelegt werden? Und was ist sonst noch zu beachten? All das erfahren Sie – zumindest in Grundzügen – in diesem Kapitel.

Umlagefähig oder nicht? Das ist hier die Frage ...

Nebenkosten, vom Fachmann Betriebskosten genannt (in diesem Buch werden beide Begriffe bedeutungsgleich verwendet), sind Kosten, die dem Eigentümer durch das Eigentum oder den bestimmungsmäßigen Gebrauch des Gebäudes entstehen – so definiert es die Betriebskostenverordnung. Kosten, die nur ein einziges Mal entstehen, können daher nicht als Nebenkosten geltend gemacht werden – im Gegensatz zu den folgenden Nebenkostenarten, die der Gesetzgeber in der Zweiten Berechnungsverordnung festgelegt hat:

- **Öffentliche Lasten des Grundstücks:** Damit ist die Grundsteuer gemeint, die von den Gemeinden und Städten erhoben wird. Sie darf in voller Höhe auf den Mieter umgelegt werden.

- **Kosten für die Wasserversorgung:** Hierzu zählen die Grundgebühren, die Kosten für den Wasserverbrauch und die Erwärmung sowie die Miete für die Wasserzähler, die Wartungs- und Eichkosten. Verfügt das Gebäude über eine hauseigene Wasserversorgungsanlage und/oder eine Wasseraufbereitungsanlage, sind auch die dafür anfallen Kosten umlagefähig, ebenso wie die Kosten für die Entkalkung von Boilern und Durchlauferhitzern. Sind Heizung und Warmwasser in einer Anlage verbunden, dürfen beide

Positionen auch zusammengefasst werden. Gut zu wissen: Kommt es in der Wohnung Ihres Mieters zu einem Wasserrohrbruch oder ist eine Leitung undicht, müssen Sie als Vermieter dafür geradestehen (sofern der Mieter den Schaden nicht selbst verursacht hat). Sie können ihm nur die Kosten für den normalen Verbrauch in Rechnung stellen, den Sie in diesem Fall anhand der letzten Abrechnungen schätzen müssen.

- **Kosten für die Entwässerung:** Zu den Kosten für die Entwässerung gehören neben den Kanal- und Sielgebühren beziehungsweise den Kosten für eine hauseigene Abwasseranlage oder Sickergrube auch die kommunale Regenwassergebühr.

- **Heizkosten:** Da die Heizkosten auch bei Vereinbarung einer Nebenkostenpauschale verbrauchsabhängig abgerechnet werden müssen, ist der Heizkostenabrechnung ein eigener Abschnitt gewidmet (siehe Seite 114ff.).

- **Kosten für den Aufzug:** Hierunter fallen die Kosten für den Betriebsstrom, die Beaufsichtigung, Bedienung, Überwachung, Pflege und Reinigung sowie die Prüfung der Betriebsbereitschaft und -sicherheit. Existiert für den Aufzug ein Voll- oder Systemwartungsvertrag, müssen Sie ganz genau hingucken, denn er enthält auch Kosten für Instandhaltungsarbeiten, die nicht umlagefähig sind. Gut zu wissen:

Die Frage, ob ein im Erdgeschoss wohnender Mieter sich ebenfalls an den Kosten für den Aufzug beteiligen muss, ist in der Rechtsprechung sehr umstritten. Sofern er den Aufzug aber nutzen kann, um damit in den Keller, die Tiefgarage oder die Waschküche zu gelangen, muss er sich auch an den Kosten beteiligen (OLG Düsseldorf 3 W 317/85, NJW-RR 1986, Seite 95; AG Braunschweig 114 C 301/95, WM 1996, Seite 284).

- **Kosten für die Straßenreinigung:** Sie werden Ihnen von der jeweiligen Kommune in Rechnung gestellt. Aber auch Kosten, die Ihnen für den Winterdienst entstehen, dürfen Sie abrechnen. Dazu gehören auch die Kosten für das Streugut.

- **Kosten für die Müllentsorgung:** Sie umfassen die laufenden Müllgebühren sowie gegebenenfalls die Kosten für einen Papier- und Altglascontainer, nicht aber die Kosten für die Entsorgung von Sperrmüll, Bauschutt und Gartenabfällen (sofern diese nicht laufend anfallen).

> **TIPP** Stromkosten
> *Die Kosten für den persönlichen Stromverbrauch des Mieters sind in der Aufstellung zwar nicht enthalten, aber sofern er diese nicht direkt mit einem Versorgungsunternehmen abrechnet – was die Regel ist –, können Sie sie ihm trotzdem in Rechnung stellen.*

- **Kosten für die Hausreinigung:**
Übernehmen die Mieter die regelmäßige Reinigung der Gemeinschaftsräume wie Treppenhaus, Eingang, Flure etc. nicht selbst, gehören die hierfür entstehenden Kosten (Personalkosten plus Reinigungsmittel) zu den Nebenkosten. Putzen Sie, dürfen Sie Ihrem Mieter dafür ebenfalls einen angemessenen Betrag in Rechnung stellen. Dieser richtet sich nach dem Lohn, den Sie einer „ungelernten Reinigungskraft" üblicherweise bezahlen würden (in der Regel zwischen 8 und 13 Euro pro Stunde). Achtung: Die Kosten für das Reinigen der Fassade sowie das Entfernen von Graffitis sind nicht umlegbar, ebenso wie die Anschaffungskosten für die Reinigungsgeräte. Auch außerplanmäßige Putzeinsätze, zum Beispiel nach einem Unwetter, dürfen Sie nicht abrechnen.

- **Kosten für die Bekämpfung von Ungeziefer:** Vorsicht, hier sind nicht die Kosten für den Kammerjäger gemeint, der sich um den Ungezieferbefall einer bestimmten Wohnung kümmert, ein Wespennest auf dem Dachboden entfernt oder einen Marder verscheucht, der sich im Haus einquartiert hat, denn das ist in der Regel allein Ihre Sache. Unter diese Kostenposition fallen vielmehr die Aufwendungen für eine regelmäßige, meist vorbeugende Ungezieferbekämpfung in den Gemeinschaftsräumen oder Grünanlagen.

- **Kosten für die Pflege von Garten, Hof und Spielplatz:** Sie beinhalten die für die Pflege und das Sauberhalten erforderlichen Material- und Personalkosten, die Betriebs- und Wartungskosten der eingesetzten Geräte (Rasenmäher, Laubsauger, Motorsäge, Heckenschere) sowie zunehmend auch die Anschaffungskosten dieser Geräte, die früher nicht als umlagefähig galten. Die Richter begründen ihren Sinneswandel damit, dass die Anschaffungskosten billiger seien als die Beauftragung einer Fremdfirma oder die Lohnkosten für das manuelle Ausführen. Die Anschaffungskosten für Spielgeräte sind hingegen nach wie vor von Ihnen zu tragen (genauso wie die Kosten für das Anlegen des Spielplatzes), Sie können aber die Kosten für notwendig werdende Reparaturen in diesem speziellen Fall ausnahmsweise auf die Mieter umlegen. Ein besonders heißes Eisen sind in diesem Zusammenhang die Kosten für Blumen und Gehölz. Sie dürfen dem Mieter nur in Rechnung gestellt werden, wenn es sich um eine „Ersatzbeschaffung" handelt. Eine Neubepflanzung muss generell von Ihnen bezahlt werden. Allerdings ist die Abgrenzung schwierig, was öfter einmal zu Meinungsverschiedenheiten führt. Übrigens: Nutzt Ihr Mieter den Garten beziehungsweise den Spielplatz nicht, so ist das sein Problem. Solange er die Möglichkeit dazu hat, muss er sich auch an den Kosten beteiligen.

ACHTUNG Getrennte Abrechnung

Wird das Gebäude gemischt genutzt (Wohnungen und Gewerbe), müssen Sie Wohn- und Gewerberäume getrennt abrechnen, sofern der Gewerbeanteil mehr als 15 Prozent der Gesamtfläche beträgt. Der Grund: Für Gewerbe fällt eine deutlich höhere Grundsteuer an und sie verursachen – je nach Art – auch bei anderen Abrechnungspositionen höhere Kosten (Müll, Wasser/Abwasser ...).

- **Kosten für die Beleuchtung:** Umlagefähig sind die Stromkosten für die Beleuchtung des Treppenhauses und der Gemeinschaftsräume, nicht aber die Kosten für Lampen und Leuchtmittel. Sie fallen unter die Instandhaltungskosten (OLG Düsseldorf 10 U 94/99, NZM 2000, Seite 762).

- **Kosten für die Schornsteinreinigung:** Hierunter fallen die Kehrgebühren und die Kosten der Abgasmessung.

- **Versicherungsbeiträge:** Umgelegt werden kann nur eine Gebäudeversicherung gegen Feuer-, Sturm- und Wasserschäden, eine Glasversicherung, eine Haftpflichtversicherung, eine Versicherung gegen Schäden an Antennen und anderen Einrichtungen sowie eine Schwamm- und Hausbockversicherung. Andere Versicherungen wie eine Rechtsschutzversicherung oder Reparaturkostenversicherung sind allein Ihre Sache.

- **Kosten für den Hausmeister:** Hierzu zählen die Lohnkosten einschließlich der Sozialbeiträge, der Zahlungen an die Berufsgenossenschaft und eventueller geldwerter Leistungen wie eine verbilligte Wohnung. Achtung: Führt der Hausmeister auch Instandhaltungs- und Instandsetzungsarbeiten sowie Verwaltungstätigkeiten aus, müssen Sie die Hausmeisterkosten entsprechend kürzen. Auch eine zu hohe Entlohnung kann in diesem Zusammenhang zu Problemen führen.

- **Kosten für Gemeinschaftsantenne und Kabelanschluss:** Umlagefähig sind Betriebs-, Strom- und Wartungskosten sowie – bei einem Kabelanschluss – die monatliche Grundgebühr. Die Installation, die Anschlussgebühren und eventuelle Reparaturen dürfen hingegen nicht umgelegt werden.

- **Kosten für Wascheinrichtungen:** Sie beinhalten die Ausgaben für Strom, Reinigung und Wartung der Gemeinschaftsgeräte. Eventuelle Einnahmen (Stichwort Münzwaschautomat) müssen entsprechend verrechnet werden.

- **Sonstige Betriebskosten:** Siehe Seite 47.

Nicht zu den Nebenkosten gehören Verwaltungskosten (Kosten für Bürobedarf und Porto, Bank- und Telefongebühren, Kosten für einen externen Verwalter), Instandhaltungskosten (dazu gehören bei einer vermieteten Eigentumswohnung auch die Instandhaltungsrücklagen), Kosten für den Kauf oder die Miete eines Gastanks, Wartungskosten für die Klingelsprech- und Türschließanlage, Hypotheken-, Darlehens- und Überziehungszinsen, Erbbauzinsen sowie Versicherungen, bei denen es sich nicht um eine Sach- oder Haftpflichtversicherung handelt, die das Gebäude betrifft. Diese Kosten muss Ihr Mieter auch dann nicht bezahlen, wenn sie als Nebenkosten im Vertrag genannt werden.

Gut zu wissen: „Luxusausgaben" wie beispielsweise eine Dachrinnenheizung, extravagante Ziersträucher, einen Müllschlucker oder einen Pförtner dürfen Sie aufgrund des Gebots der Wirtschaftlichkeit nur dann tätigen, wenn sie in Bezug auf das Mietobjekt angemessen sind. Als stolzer Eigentümer einer mit allen Schikanen ausgestatteten Top-Immobilie in Bestlage haben Sie in dieser Hinsicht also mehr Spielraum, als wenn Sie eine Durchschnittswohnung vermieten. Auch sind Sie gehalten, keine unnötigen Kosten zu verursachen und Preise zu vergleichen – was aber nicht bedeutet, dass Sie in jedem Fall den günstigsten Anbieter beauftragen müssen. Denn der billigste ist nicht immer auch der beste. In diesem Fall aber sollten Sie Ihre Entscheidung stichhaltig begründen können.

▨ *Fristgerecht, nachvollziehbar und schriftlich – die ordnungsgemäße Abrechnung*

Über alle Nebenkosten, für die Ihr Mieter eine Vorauszahlung leistet, müssen Sie einmal im Jahr abrechnen. Dieser Pflicht genügen Sie nur dann, wenn die Abrechnung bestimmten Anforderungen genügt. Vor allem muss sie pünktlich erfolgen, verständlich und nachprüfbar sein und Ihrem Mieter schriftlich durch Brief, Fax oder E-Mail zugehen.

■ Bis wann müssen Sie abrechnen?

Sie müssen die Nebenkostenabrechnung innerhalb von 12 Monaten nach dem Ende des Abrechnungszeitraums erstellen. Entscheidend ist dabei das Datum, an dem sie Ihrem Mieter zugeht. Halten Sie diese sogenannte Ausschlussfrist nicht ein, können Sie keine Nachforderung mehr geltend machen – müssen aber trotzdem abrechnen. Denn schließlich könnte Ihrem Mieter ja auch eine Rückzahlung zustehen. Tun Sie das nicht, kann Ihr Mieter seine laufenden Vorauszahlungen so lange einbehalten, bis Sie Ihrer Pflicht nachkommen.

Gut zu wissen: Der Abrechnungszeitraum muss nicht zwingend dem Kalenderjahr entsprechen, er kann durchaus davon abweichen. Allerdings müssen Sie dann auch dabei bleiben. Ein ständig wechselnder Abrechnungszeitraum ist nicht zulässig.

■ Was muss die Abrechnung enthalten?

Konkrete Vorgaben, was die Gestaltung der Nebenkostenabrechnung angeht, gibt es nicht, solange sie übersichtlich gegliedert und für den Mieter nachvollziehbar ist. Allerdings muss sie zwingend folgende Angaben enthalten:

- Die genaue Bezeichnung der Wohnung und aller Mieter

- Den Abrechnungszeitraum (taggenau)

- Die Gesamtkosten pro Haus oder Wirtschaftseinheit (für jede Kostenart)

- Den gewählten Verteilerschlüssel (für jede Kostenart)

- Die sich ergebenden Kosten für den Mieter (für jede Kostenart)

- Die Gesamtsumme der Kosten

- Die Gesamtsumme der Vorauszahlungen

- Die sich daraus ergebende Erstattung/Nachzahlung

Erfüllt die Abrechnung auch nur einen dieser Punkte nicht, ist sie unwirksam und Sie müssen sie gegebenenfalls korrigieren.

Stimmen der Beginn des Mietverhältnisses und des Abrechnungszeitraums nicht überein (was in der Praxis der Regelfall ist), müssen Sie zeitanteilig abrechnen – mit Ausnahme der verbrauchsabhängigen Nebenkosten wie Heizung und Wasser. Hierfür müssen

Sie eine Zwischenablesung der Zählerstände vornehmen (lassen) und die ermittelten Einheiten entsprechend auf den jetzigen Mieter und seinen Vormieter verteilen. Wer die dabei eventuell anfallenden Gebühren bezahlen muss, war lange unklar. Denn hierzu existieren diverse Urteile, welche die Kosten dem ein- beziehungsweise ausziehenden Mieter auferlegen, während andere den Vermieter in der Pflicht sehen und wieder andere sie den Heizkosten zurechnen. Der BGH hat in einem jüngeren Urteil die Kosten nun endgültig Ihnen als Vermieter aufgebürdet, Ihnen aber gleichzeitig gestattet, sie mithilfe einer entsprechenden vertraglichen Regelung auf den Mieter abzuwälzen (BGH VIII ZR 19/07).

Nehmen Sie sicherheitshalber auch einen Hinweis in Ihre Nebenkostenabrechnung auf, dass der Mieter nach Terminvereinbarung Einsicht in die Originalbelege nehmen kann. Dabei handelt es sich nicht um ein Entgegenkommen von Ihrer Seite, sondern um sein gutes Recht. Allerdings muss er sich dazu zu Ihnen begeben, denn Ihnen kann nur in Ausnahmefällen (zum Beispiel wenn der Mieter in seiner Mobilität stark eingeschränkt ist oder sehr weit von Ihnen entfernt wohnt) zugemutet werden, Kopien von sämtlichen Unterlagen anzufertigen. Und wenn doch, muss der Mieter die Kosten dafür übernehmen.

Die Rechtsprechung hält dabei 0,25 bis 0,50 Cent pro Kopie für angemessen. Weigern Sie sich, Ihrem Mieter Einsicht zu gewähren, kann er eine eventuelle Nachzahlung zurückhalten (OLG Düsseldorf DWW 2000, 122).

TIPP Anpassung der Vorauszahlung

Ergibt die Nebenkostenabrechnung eine nennenswerte Nachzahlung oder Erstattung, können Sie die Vorauszahlungen des Mieters anpassen. Dafür reicht eine entsprechende Erklärung am Ende der Nebenkostenabrechnung. (Achtung: Grundlage ist ausschließlich die aktuelle Abrechnung, andere Gründe, wie beispielsweise zu erwartende Kostensteigerungen, dürfen nicht für eine Erhöhung herangezogen werden.) Dieses Recht steht auch dem Mieter zu. Der neue Betrag gilt dann ab dem auf die Anpassungserklärung folgenden Monat.

Gut zu wissen: Weist die Abrechnung eine Nachzahlung aus, ist diese eigentlich sofort fällig. Allerdings gestehen die Gerichte Ihrem Mieter eine Frist von 2 bis maximal 4 Wochen zu, um die Abrechung in Ruhe auf deren Richtigkeit zu prüfen und gegebenenfalls die Belege einzusehen. Ist die Abrechnung korrekt, muss er spätestens nach Ablauf dieser Frist bezahlen, womit er die Abrechnung anerkennt. Um nicht in Verzug zu geraten, kann Ihr Mieter die Nachforderung aber auch unter Vorbehalt bezahlen oder nur den Teil begleichen, der seiner Ansicht nach unstrittig ist. Und lassen Sie sich nicht verwirren: Bei der 12-Monats-Frist des § 556 Absatz 3 Satz 5 BGB, die in diesem Zusammenhang oft genannt wird, handelt es sich um eine Ausschlussfrist (siehe Seite 109), nach deren Ablauf Ihr Mieter keine Einwendungen mehr gegen die Abrechnung geltend machen kann, und nicht – wie irrtümlich manchmal angenommen – um eine Zahlungsfrist. Sie wiederum ist zu unterscheiden von der Verjährungsfrist, nach deren Ablauf generell keine Möglichkeit mehr besteht, Ansprüche geltend zu machen. Bei der Nebenkostenabrechnung beträgt die Verjährungsfrist für Mieter und Vermieter 3 Jahre und beginnt am Ende des Jahres, in dem dem Mieter die Abrechnung zugeht. Achtung: Ergibt sich ein Guthaben, müssen Sie dieses ebenfalls sofort überweisen.

■ Der Verteilerschlüssel

Der sogenannte Verteilerschlüssel gibt an, nach welchem Kriterium die jeweiligen Kosten auf die einzelnen Mieter verteilt werden. Am gebräuchlichsten ist eine Umlage nach dem Verbrauch, nach der Wohnungsgröße (Wohn- beziehungsweise Nutzfläche), nach Wohneinheiten (jede Wohnung zählt einen Anteil) oder nach Personenzahl. Dabei können Sie denjenigen wählen, der Ihnen am gerechtesten beziehungsweise praktikabelsten erscheint. Allerdings darf Ihre Wahl einzelne Mieter nicht grob benachteiligen (kleine Ungerechtigkeiten lassen sich nie ganz vermeiden und müssen hingenommen werden) und Sie müssen den Verteilerschlüssel im Mietvertrag festlegen. Ansonsten sind Sie verpflichtet, alle Nebenkosten, die nicht zwingend verbrauchsabhängig abgerechnet werden müssen, über die Wohnfläche umzulegen. Auch dürfen Sie einen einmal zugrunde gelegten Schlüssel nicht so ohne Weiteres ändern. Sofern Sie nicht beweisen können, dass der neue Schlüssel die Kosten gerechter verteilt, benötigen Sie dazu die Zustimmung aller Mieter.

Ganz wichtig: Stehen in einem Gebäude eine oder mehrere Wohnungen leer, müssen Sie diese trotzdem bei der Nebenkostenabrechnung berücksichtigen und die darauf entfallenden Kosten selbst tragen. Werden dabei einige der Kosten nach Personenzahl umgelegt, reicht es, wenn Sie für diese Wohnung(en) eine Person veranschlagen (AG Köln, WM 1998, Seite 290).

[Absender]

[Empfänger]

[Datum]

Ihre Wohnung [Anschrift/Bezeichnung]
Abrechnung über Betriebskosten für den Zeitraum [Datum] bis [Datum]

[Anrede],

gemäß § 556 Abs. 3 BGB ist über die von Ihnen geleisteten Vorauszahlungen für die Betriebskosten jährlich abzurechnen. Dabei ergibt sich für die oben genannte Wohnung Folgendes:

[Angaben beispielhaft]

Kostenart	Gesamtkosten	Verteilerschlüssel	Summe aller Anteile	Ihr Anteil	Ihre Kosten
Grundsteuer	987,50 EUR	qm-Wohnfläche	586 qm	60 qm	101,11 EUR
Kaltwasser	1.375,89 EUR	Verbrauch lt. Zähler	196,648 cbm	24,632 cbm	172,34 EUR
Müllabfuhr	612,80 EUR	Wohneinheiten	6	1	102,13 EUR

[...]

Summe der auf Ihre Wohnung entfallenden Kosten: [Betrag]
Davon entfallen auf den Abrechnungszeitraum [falls anteilig abzurechnen]   [Betrag]
abzüglich Ihrer geleisteten Vorauszahlungen   [Betrag]
Guthaben/Nachzahlung   **[Betrag]**

Das Guthaben von [Betrag] wird auf Ihr Konto [Kontonummer] bei [Bankverbindung] überwiesen./Die Nachzahlung bitte ich mit der nächsten Mietzahlung auf das Ihnen bekannte Konto zu überweisen.

[Falls gegeben und gewünscht]
Da die bisherigen Vorauszahlungen nicht ausreichen, um die tatsächlich anfallenden Betriebskosten zu decken, sehe ich mich leider gezwungen, eine entsprechende Anpassung vorzunehmen. Bitte überweisen Sie ab dem [Datum] eine monatliche Vorauszahlung auf die Betriebskosten von [Betrag].

Die Belege können nach Terminvereinbarung bei mir eingesehen werden.

Mit freundlichen Grüßen

Checkliste Nebenkostenabrechnung

- Enthält die Abrechnung alle vorgeschriebenen Angaben?

- Erfolgte die Abrechnung fristgerecht?

- Stimmt der Abrechnungszeitraum?

- Handelt es sich bei den ausgewiesenen Kostenpositionen tatsächlich um Nebenkosten?

- Sind alle ausgewiesenen Nebenkosten auch im Vertrag als solche genannt?

- Stimmen die Verteilerschlüssel mit der entsprechenden Vereinbarung im Mietvertrag überein?

- Ist die Abrechnung verständlich und kann der Mieter alle Rechenschritte nachvollziehen?

- Haben Sie leer stehende Wohnungen zu Ihren Lasten berücksichtigt?

- Haben Sie die Gewerberäume – so weit nötig – separat abgerechnet?

- Haben Sie die Wartungskosten um eventuelle Reparaturkosten gekürzt?

- Haben Sie die Hausmeisterkosten korrekt angesetzt (ohne Instandhaltungs- und Instandsetzungsarbeiten sowie Verwaltertätigkeiten) und bewegen sie sich im Rahmen des Üblichen?

- Haben Sie Kosten aus Versehen doppelt angesetzt? So können Sie beispielsweise die Kosten für den Schornsteinfeger entweder separat oder unter der Position „Heizkosten" abrechnen.

- Haben Sie die Vorauszahlungen des Mieters in voller Höhe berücksichtigt?

Etwas Wärme braucht der Mensch – Heizkosten

Wie bereits mehrfach erwähnt, müssen Sie die Heizkosten zwingend nach dem Verbrauch abrechnen, sofern ...

- ... nicht die Verbrauchserfassung aus technischen Gründen unmöglich oder aus Kostengründen unzumutbar ist.

- ... es sich nicht um ein Apartment in einem Alters-, Pflege-, Studenten- oder Lehrlingsheim handelt.

- ... die Wohnung sich nicht in einem Zweifamilienhaus/Einfamilienhaus mit Einliegerwohnung befindet, das auch von Ihnen bewohnt wird.

- ... es dem Mieter nicht unmöglich ist, den Wärmeverbrauch selbst zu regeln und die Räume vor dem 1.7.1981 bezugsfertig waren.

- ... nicht eine besonders energiesparende Heizungsanlage betrieben und der Wärmeverbrauch des Gebäudes nicht erfasst wird.

- ... die entsprechende Wohnung nicht über eine eigene Heizung und Warmwasseranlage verfügt.

Dazu gehören die Kosten für die verbrauchten Brennstoffe (inklusive Lieferung) sowie die sogenannten Heiznebenkosten, also die Kosten für Betriebsstrom, Wartung und Reinigung der Heizungsanlage, Schornsteinfeger sowie Verbrauchserfassung. Sie sind gemäß Heizkostenverordnung jeweils zu 50 bis 70 Prozent verbrauchsabhängig und zu 30 bis 50 Prozent verbrauchsunabhängig (meist nach der Wohnfläche, aber auch ein anderer Verteilerschlüssel ist grundsätzlich zulässig) anzusetzen. Den genauen Prozentsatz legen Sie – am besten schon im Mietvertrag – fest. Diesen Umlagemaßstab können Sie nur mit Zustimmung aller Mieter beziehungsweise innerhalb der ersten drei Jahre oder nach der Durchführung von Energiesparmaßnahmen auch einseitig wieder ändern.

Wichtig: Achten Sie darauf, dass in den Kosten für den Betriebsstrom kein Allgemeinstrom enthalten ist. Reparaturen an der Heizungsanlage sind allein von Ihnen zu tragen. Prüfen Sie deshalb, ob im Rahmen der Wartung – deren Kosten Sie umlegen dürfen – nicht auch Reparaturen vorgenommen wurden. Falls ja, müssen Sie diese herausrechnen. Und werfen Sie einen Blick auf die Kosten für die Messgeräte und den Abrechnungsdienst. Sind diese im Verhältnis zu den Brennstoffkosten sehr hoch, verstoßen Sie damit unter Umständen gegen das Gebot der Wirtschaftlichkeit.

■ Die Verbrauchserfassung

Der Verbrauch wird anhand der in den einzelnen Wohnungen installierten Messgeräte ermittelt. Dazu müssen Sie oder der von Ihnen damit beauftragte Abrechnungsdienst einmal im Jahr eine Ablesung vornehmen. Der Mieter ist verpflichtet, Ihnen beziehungsweise den Mitarbeitern der entsprechenden Firma zu diesem Zweck Zutritt zu seiner Wohnung zu ermöglichen. Allerdings muss der Ablesetermin mindestens 10 Tage vorher bekannt gegeben werden. Und selbst dann kann der Mieter einen Ersatztermin vereinbaren, ohne dass ihm zusätzliche Kosten entstehen dürfen. Gut zu wissen: Heizkostenverteiler mit Messröhrchen lassen auch dann eine Verdunstung zu, wenn nicht geheizt wird. Diese Ungenauigkeit muss der Mieter laut BGH hinnehmen. Achten Sie jedoch darauf, dass der Heizkostenverteiler richtig montiert ist. Das ist dann der Fall, wenn er sich mittig auf 75 Prozent der Heizkörperbauhöhe befindet.

■ Was muss die Abrechung enthalten?

Wie bei der Nebenkostenabrechnung gibt es auch bei der Heizkostenabrechnung keine besonderen Gestaltungsvorschriften, sie muss aber folgende Angaben enthalten:

- Den Namen des Vermieters (Auftraggeber)

- Den Namen und die Anschrift des Abrechners

- Den genauen Abrechnungszeitraum

- Den Brennstoffverbrauch und die sich daraus ergebenden Brennstoffkosten

- Die Heiznebenkosten

- Die Gesamtkosten für das gesamte Gebäude

- Die verbrauchsabhängigen und -unabhängigen Kosten für das gesamte Gebäude und die Wohnung des Mieters

- Den Umlagemaßstab und den Verteilerschlüssel

- Die geleisteten Vorauszahlungen (kann auch in der Nebenkostenabrechnung ausgewiesen sein)

- Das Abrechnungsergebnis und die sich daraus ergebende Nachzahlung/Erstattung (kann auch in der Nebenkostenabrechnung ausgewiesen sein)

■ Wie sollte die Heizkostenabrechnung aufgebaut sein?

Damit die Heizkostenabrechnung für den Mieter nachvollziehbar ist, sollte sie folgendem Grundschema folgen: Den allgemeinen Angaben (Punkte 1 bis 3) sollten zuerst die Kosten folgen, die im betreffenden Zeitraum angefallen sind. Dabei handelt es sich zum einen um die Brennstoffkosten. Hier sind bei einer leitungsgebundenen Versorgung (Erdgas) die Menge und die Kosten der bezogenen Brennstoffe anzugeben (= Gesamtverbrauch), bei einer leitungsungebundenen Versorgung (Kohle, Öl, Pellets) der Anfangsbestand, die erfolgten Lieferungen (Datum, Menge, Preis), der Endbestand und der sich daraus ergebende Gesamtverbrauch (Anfangsbestand plus Lieferungen abzüglich Endbestand).

Dazu kommen – zum anderen – die Heiznebenkosten (siehe Seite 114). Aus beiden ergeben sich die Gesamtkosten für das Gebäude. Diese werden im nächsten Schritt gemäß dem vereinbarten Umlagemaßstab in verbrauchsabhängige und -unabhängige (oftmals auch Grund- und Verbrauchskosten genannt) aufgeteilt, die wiederum mithilfe des Verteilerschlüssels und des durch die Ablesung ermittelten Verbrauchs anteilig der jeweiligen Wohnung zugeordnet werden. Daraus ergibt sich schließlich der Betrag, der – sofern die Heizkosten nicht zusammen mit den übrigen Nebenkosten abgerechnet werden – mit den Vorauszahlungen des Mieters verrechnet werden muss.

Checkliste Heizkostenabrechnung

- Enthält die Abrechnung alle vorgeschriebenen Angaben?

- Erfolgte die Abrechnung fristgerecht?

- Stimmt der Abrechnungszeitraum?

- Fanden die angegebenen Brennstofflieferungen im Abrechnungszeitraum statt?

- Haben Sie den Anfangsbestand korrekt übernommen (bei Kohle- und Ölheizungen)?

- Haben Sie den Gesamtverbrauch richtig ermittelt
  (bei Kohle- und Ölheizungen)?

- Haben Sie die Heiznebenkosten korrekt angesetzt?

- Haben Sie die Gesamtkosten vereinbarungsgemäß aufgeteilt
  (verbrauchsabhängige/-unabhängige Kosten)?

- Haben Sie den richtigen Verteilerschlüssel gewählt?

- Stimmt der ausgewiesene Verbrauch mit den abgelesenen Werten überein?

- Haben Sie alle Vorauszahlungen berücksichtigt?

Der Mieter reklamiert die Abrechnung – So verhalten Sie sich richtig

Bei der Vielzahl der Punkte, die bei der Neben- beziehungsweise Heizkostenabrechnung beachtet werden müssen, kann sich natürlich auch einmal ein Fehler einschleichen, sei es ein Rechen- oder ein Formfehler. Aber auch wenn Ihre Abrechnung nicht verständlich ist, darf Ihr Mieter sie reklamieren – das ist sein gutes Recht. Fühlen Sie sich also nicht gleich persönlich angegriffen, wenn Ihr Mieter die Abrechnung beanstandet, sondern gehen Sie Sache pragmatisch an: Prüfen Sie, ob der Einwand berechtigt ist. Wenn ja, korrigieren Sie den Fehler und schicken dem Mieter eine neue Abrechnung.

Kommen Sie zu dem Ergebnis, dass Ihre Abrechnung korrekt ist, erläutern Sie in Ihrem Antwortschreiben noch einmal Ihren Standpunkt und weisen den Widerspruch zurück.

Beharrt der Mieter weiterhin auf seiner Meinung und sind auch Sie nicht bereit, nachzugeben, müssen Sie die Frage notfalls gerichtlich klären lassen. Dieses Risiko sollten Sie aber nur dann eingehen, wenn Ihre Position wirklich unanfechtbar ist. Lassen Sie sich gegebenenfalls beraten, bevor Sie entsprechende Schritte unternehmen.

Darf's ein bisschen mehr sein? – die Mieterhöhung

Alles wird teurer. Und deshalb dürfen Sie auch die Miete innerhalb bestimmter Fristen und Grenzen erhöhen – sofern es sich um eine frei finanzierte Wohnung handelt. Dazu stehen Ihnen verschiedene Möglichkeiten offen, die Sie allerdings genau kennen sollten. Denn auf dem Weg zur höheren Miete lauern zahlreiche Stolperfallen – sowohl inhaltlicher als auch formaler Natur –, die Ihr Vorhaben ganz schnell zunichte machen können. Hier ist also besondere Sorgfalt gefragt.

■ Der unkomplizierte Weg – die einvernehmliche Mieterhöhung

Sie können mit Ihrem Mieter während des Mietverhältnisses jederzeit eine einvernehmliche Erhöhung der Miete vereinbaren. Diese Variante setzt aber voraus, dass Sie ein einigermaßen vertrauensvolles Verhältnis zu Ihrem Mieter haben. Sind Sie sich beide über die neue Miethöhe einig, brauchen Sie keine besonderen Formbestimmungen beziehungsweise Fristen einzuhalten und müssen auch keine Begründung angeben. Sie legen die neue Miethöhe einfach schriftlich in einer kurzen Erklärung fest, die Sie beide unterschreiben. Zwar ist eine mündliche Vereinbarung ebenfalls gültig, aber beweisen lässt sich diese im Zweifelsfall nur schwer.

> **TIPP** So „ködern" Sie Ihren Mieter
> *Ihr Mieter wird einer solchen einvernehmlichen Vereinbarung wohl nur zustimmen, wenn Sie Ihren Spielraum in Sachen Mieterhöhung nicht voll ausschöpfen. Überlegen Sie also, was Ihnen der deutlich geringere Aufwand wert ist. Eine andere Möglichkeit ist die Vereinbarung einer Mietbindungsfrist, in der die Miete garantiert nicht steigt. Sofern die von Ihnen verlangte Miete nicht deutlich unter der ortsüblichen Vergleichsmiete liegt, ergeben sich für Sie daraus in der Regel keine größeren Nachteile.*

Gut zu wissen: Bei der einvernehmlichen Mieterhöhung sind Sie nicht an die Kappungsgrenze (siehe Seite 125) gebunden, die Grenzen der Mietpreisüberhöhung beziehungsweise des Mietwuchers gelten aber trotzdem (siehe Seite 45).

Der formale Weg – das Mieterhöhungsverlangen

Kommt eine einvernehmliche Lösung nicht in Betracht, bleibt Ihnen nichts anderes übrig, als ein förmliches Mieterhöhungsverlangen zu stellen. Grundlage dieses Verlangens kann nach dem Gesetz eine Mieterhöhung bis zur ortsüblichen Vergleichsmiete (§ 558 BGB) oder eine Mieterhöhung bei Modernisierung (§ 559 BGB) sein. Zwar setzt dieser formale Weg ebenfalls die Zustimmung Ihres Mieters voraus, aber im Gegensatz zur einvernehmlichen Mieterhöhung haben Sie in diesem Fall einen Anspruch darauf, den Sie notfalls auch einklagen können. Dazu muss das Mieterhöhungsverlangen jedoch bestimmten formalen Anforderungen genügen. Andernfalls kann der Mieter das Begehren ablehnen, unabhängig davon, ob die Mieterhöhung als solche zulässig ist oder nicht. Im Einzelnen sind das:

- **Textform:** Das Schreiben muss der Textform entsprechen. Das heißt, es muss deutlich lesbar sein und den Absender enthalten. Im Gegensatz zur „Schriftform" genügt hier eine maschinelle Unterschrift wie „gez. Schmidt" oder eine sogenannte Faksimile-Unterschrift. Damit kann das Mieterhöhungsverlangen auch als E-Mail oder per Fax verschickt werden. Da jedoch die Beweislast bezüglich des Zugangs bei Ihnen liegt, sollten Sie lieber auf das gute alte Einschreiben mit Rückschein oder die Zustellung durch einen Boten zurückgreifen,

in besonders heiklen Fällen sogar auf die Zustellung durch den Gerichtsvollzieher. (Fern-)mündliche Erklärungen sind generell unwirksam.

- **Vermieter:** Sind mehrere Personen im Mietvertrag als Vermieter genannt, müssen alle als Absender erkennbar sein und unterschreiben. Haben Sie als Vermieter einen Verwalter mit der Mieterhöhung beauftragt, muss dieser seinem Schreiben – zumindest beim ersten Mal – eine entsprechende

Vollmacht (im Original) beilegen. Ist die Bevollmächtigung bereits bekannt, kann dieser Nachweis entfallen.

- **Mieter:** Gleiches gilt für die Mieter – sind mehrere Personen als Mieter genannt, muss das Schreiben an alle adressiert sein.

- **Angaben zur Erhöhung:** Das Mieterhöhungsverlangen muss die alte und die neue Miete oder den Erhöhungsbetrag nennen sowie den Zeitpunkt, ab dem die Mieterhöhung gelten soll.

Achtung: Sie dürfen dabei nicht von der derzeitigen Mietstruktur abweichen. Sie dürfen also keine Nettomiete zuzüglich Nebenkostenvorauszahlungen verlangen, wenn Sie bisher eine Bruttomiete verlangt haben – und umgekehrt.

- **Zustimmung:** Sie müssen in Ihrem Schreiben explizit die Zustimmung von Ihrem Mieter verlangen, damit bei ihm nicht der Eindruck entsteht, er könnte der Mieterhöhung nicht widersprechen.

ACHTUNG Mieterhöhung ausgeschlossen

Haben Sie mit Ihrem Mieter einen Index- oder Staffelmietvertrag abgeschlossen, ist eine Mieterhöhung auf die ortsübliche Vergleichsmiete ausgeschlossen. Beim Staffelmietvertrag ist darüber hinaus auch eine Erhöhung infolge einer Modernisierung nicht zulässig, bei der Indexmiete hingegen schon, sofern Sie diese aufgrund von Umständen durchführen, die Sie als Vermieter nicht zu vertreten haben (zum Beispiel aufgrund gesetzlicher Vorschriften).

Stimmt Ihr Mieter einer berechtigten Mieterhöhung nicht zu, können Sie seine Zustimmung innerhalb von 3 Monaten nach Ablauf der Überlegungsfrist einklagen. Achtung: Versäumen Sie dies, müssen Sie ein komplett neues Mieterhöhungsverlangen schicken und das „Spiel" beginnt von vorn.

Doch zunächst einmal räumt der Gesetzgeber dem Mieter Zeit ein, um zu prüfen, ob Ihr Mieterhöhungsverlangen formal wie inhaltlich in Ordnung ist und ob Ihnen die geforderte Miete überhaupt (in vollem Umfang) zusteht. Diese Überlegungsfrist – auch Zustimmungsfrist genannt – beginnt mit dem Zugang des

Mieterhöhungsschreibens beim Mieter und umfasst den laufenden sowie die beiden folgenden Monate (siehe Tabelle). Stimmt er der Mieterhöhung innerhalb dieser Frist zu, wird die neue Miete ab dem darauffolgenden Monat fällig (die Zahlung der neuen Miete gilt als Zustimmung). Ihr Mieter hat aber auch die Möglichkeit, der Mieterhöhung nur teilweise zuzustimmen, wenn er zu dem Ergebnis kommt, dass diese zwar grundsätzlich gerechtfertigt ist, jedoch nicht in voller Höhe (siehe Seite 125). Hält er die Mieterhöhung für komplett unzulässig, muss er Ihnen dies ebenfalls mitteilen.

Die Fristen im Überblick

Zugang bis	Zustimmung bis	Neue Miete ab	Klagefrist endet
31. Januar	31. März	1. April	30. Juni
28./29. Februar	30. April	1. Mai	31. Juli
31. März	31. Mai	1. Juni	31. August
30. April	30. Juni	1. Juli	30. September
31. Mai	31. Juli	1. August	31. Oktober
30. Juni	31. August	1. September	30. November
31. Juli	30. September	1. Oktober	31. Dezember
31. August	31. Oktober	1. November	31. Januar
30. September	30. November	1. Dezember	28./29. Februar
31. Oktober	31. Dezember	1. Januar	31. März
30. November	31. Januar	1. Februar	30. April
31. Dezember	28./29. Februar	1. März	31. Mai

Gut zu wissen: Sie sind keineswegs verpflichtet, von allen Mietern die gleiche Miete zu verlangen. Ihr Mieter muss deshalb eine berechtigte Mieterhöhung auch dann akzeptieren, wenn einer seiner Nachbarn für eine vergleichbare Wohnung weniger bezahlt als er. Auch bestehende Mängel spielen bei der Frage nach der Zulässigkeit einer Mieterhöhung keine Rolle.

Die Mieterhöhung bis zur ortsüblichen Vergleichsmiete

Im Rahmen des Mieterhöhungsverlangens können Sie die Miete bis auf das Niveau der ortsüblichen Vergleichsmiete anheben. Allerdings müssen Sie darlegen, dass die jetzige Miete nicht (mehr) ortsüblich ist. Dazu stehen Ihnen vier Möglichkeiten zur freien Wahl:

1. Sie beziehen sich auf den für den Ort, in dem sich das Mietobjekt befindet, gültigen Mietspiegel (siehe Seite 15ff.). Dabei müssen Sie sich an dem dort angegebenen Mittelwert orientieren. Nehmen Sie darüber hinaus Zuschläge vor, müssen Sie diese begründen können. (Auf Ausstattungsmerkmale, die der Mieter selbst geschaffen hat, zum Beispiel das modernisierte Bad, dürfen Sie sich in diesem Zusammenhang nicht stützen!) Liegt kein Mietspiegel vor, dürfen Sie sich auch auf den Mietspiegel einer vergleichbaren Nachbargemeinde berufen. Existiert sogar ein qualifizierter Mietspiegel, sind Sie verpflichtet, dem Mieter dessen Daten in Ihrem Schreiben mitzuteilen – selbst wenn Sie sich für ein anderes Begründungsmittel entscheiden. Fehlen diese Vergleichswerte, ist die Mieterhöhung unwirksam.

2. Sie verweisen auf die Auskunft einer Mietdatenbank. Dabei handelt es sich um eine fortlaufend geführte Sammlung von Mietdaten, die ebenfalls einen Schluss auf die ortsübliche Vergleichsmiete zulassen. Sie wird von der jeweiligen Gemeinde und/oder Interessenvertretern der Vermieter und Mieter geführt beziehungsweise von diesen anerkannt. Die Auskunft einer Mietdatenbank ist erst seit der Mietrechtsreform 2001 als Begründungsmittel zulässig. Allerdings gibt es bisher nur sehr wenige.

3. Sie nennen drei Vergleichswohnungen, für die so viel Miete bezahlt wird, wie Sie fordern. Um Ihrem Mieter eine Überprüfung zu ermöglichen, müssen Sie ihm die Anschrift der Vergleichswohnungen mitteilen, deren Lage im Gebäude sowie die Miete und die Wohnfläche (BGH VIII ZR 141/02, WuM 2003, Seite 149). Da es dabei auf den Preis pro Quadratmeter ankommt, darf deren Größe sowohl nach oben als auch nach unten von der Größe Ihrer Wohnung abweichen. Die Vergleichbarkeit ist erst dann nicht mehr gegeben, wenn die fragliche Wohnung um mehr als 30 Prozent kleiner ist. Diese Möglichkeit der Begründung ist die wohl am wenigsten objektive, da sich in nahezu jedem Ort überteuerte Wohnungen finden lassen. Sie müssen also damit rechnen, dass Ihr Mieter hier besonders genau nachprüft.

4. Sie legen das Mietwertgutachten eines öffentlich bestellten und vereidigten Sachverständigen vor. Das allerdings ist die teuerste Variante, denn ein solches Gutachten kann bis zu 1.500 Euro kosten, was die Mieterhöhung in der Regel unrentabel macht. Entscheiden Sie sich trotzdem für diese Variante, müssen Sie das Gutachten Ihrem Mieterhöhungsschreiben in seinem vollen Wortlaut beilegen.

Darüber hinaus hat der Gesetzgeber aber noch zwei weitere Hürden aufgestellt, die Ihr Mieterhöhungsverlangen zu Fall bringen können: die Jahressperrfrist und die Kappungsgrenze.

Herrn
Gunther Oswald
Marsstr. 35

80335 München

Jutta Siewers
Amalienstr. 18
80799 München
Tel. 089/23 45 67 9

[Datum]

Wohnung Marsstr. 35, 3. Stock, rechts
Erhöhung der Miete

Sehr geehrter Herr Oswald,

Sie bezahlen seit [Datum] für die oben genannte Wohnung eine monatliche Kaltmiete von [Angabe Euro], was bei [Angabe Quadratmeter] Wohnfläche einem Quadratmeterpreis von [Betrag Euro] entspricht. Diese Miete liegt unterhalb der für eine nicht preisgebundene Wohnung vergleichbarer Größe, Ausstattung, Beschaffenheit und Lage ortsüblichen Miete, wie Sie dem beiliegenden Mietspiegel der [Angabe Gemeinde/Stadt]/dem beiliegenden Gutachten/dem beiliegenden Auszug aus der Mietdatenbank/den in der Anlage genannten Vergleichswohnungen entnehmen können.

Ich bitte Sie daher, der Erhöhung Ihrer Miete bis zur ortsüblichen Vergleichsmiete – die gemäß dem qualifizierten Mietspiegel der [Angabe Gemeinde/Stadt] derzeit [Angabe Euro] pro Quadratmeter beträgt – [Einschub nur notwendig, sofern ein qualifizierter Mietspiegel existiert] bis zum Ablauf des zweiten Kalendermonats nach Zugang dieses Schreibens, also bis zum [Datum] zuzustimmen. Ihre neue Miete beträgt dann ab dem [Datum]:

[Angabe Euro] pro Quadratmeter x [Angabe Quadratmeter]
Wohnfläche   = [Angabe Euro]
zuzüglich [Angabe Euro] Betriebskosten (wie bisher)   = [Angabe Euro]
Bruttomiete neu   = **[Angabe Euro]**

Damit wird sowohl die Jahressperrfrist als auch die Erhöhungsbegrenzung von 20 Prozent innerhalb von 3 Jahren eingehalten.

Sollte mir Ihre Zustimmung bis zum Ablauf der genannten Frist nicht vorliegen, sehe ich mich leider gezwungen, mein Erhöhungsverlangen gerichtlich durchzusetzen.

Mit freundlichen Grüßen

■ Schutz auf Zeit – die Jahressperrfrist

Um den Mieter vor allzu häufigen Mieterhöhungen zu schützen, haben Sie bei Ihrem Wunsch nach mehr Miete die sogenannte Jahressperrfrist einzuhalten. Das heißt, Sie können die Miete nur erhöhen, wenn seit Mietbeginn beziehungsweise der letzten Mieterhöhung mindestens 12 Monate vergangen sind. Rechnet man die Überlegungsfrist noch hinzu, müssen zwischen den Erhöhungen sogar 15 Monate liegen. Wichtig: Erhöhungen der Nebenkosten sowie Erhöhungen infolge Modernisierung bleiben dabei unberücksichtigt.

■ Noch ein Limit – die Kappungsgrenze

Neben der ortsüblichen Vergleichsmiete gibt es einen weiteren Höchstwert, den die neue Miete nicht überschreiten darf: die Kappungsgrenze. Sie besagt, dass die Miete innerhalb von 3 Jahren nicht mehr als 20 Prozent steigen darf. Ausschlaggebend für die Berechnung ist dabei die Nettomiete, die Sie drei Jahre vor dem Zeitpunkt der geplanten Erhöhung verlangt haben. Mieterhöhungen wegen Modernisierung bleiben auch hier außer Betracht. Ein Beispiel: Sie möchten die derzeitige Miete von 550 Euro auf 630 Euro anheben. Auf den ersten Blick bleiben Sie damit deutlich unter der Kappungsgrenze von 20 Prozent. Doch vor 3 Jahren betrug die Miete noch 500 Euro und wurde zwischenzeitlich von Ihnen schon einmal um 10 Prozent auf 550 Euro erhöht. Somit darf die neue Miete nur 600 Euro betragen (500 + 20 %) – und auch nur dann, wenn dieser Betrag die ortsübliche Vergleichsmiete nicht übersteigt. Gut zu wissen: Ist die Mieterhöhung zulässig, steht Ihrem Mieter ein Sonderkündigungsrecht zu. Er kann in diesem Fall bis zum Ende der Überlegungsfrist kündigen. Das Mietverhältnis endet dann nach weiteren 2 Monaten.

Checkliste Mieterhöhung

- Haben Sie eine Index- oder Staffelmiete vereinbart? In diesem Fall sind Mieterhöhungen gar nicht beziehungsweise nur in bestimmten Fällen möglich.

- Erfüllt das Mieterhöhungsverlangen die formalen Anforderungen?

- Ist die Erhöhung korrekt begründet (Mietspiegel, Mietdatenbank, Vergleichswohnungen, Gutachten)?

- Nennen Sie die Vergleichsmiete aus dem qualifizierten Mietspiegel (so weit vorhanden)?

- Orientiert sich die neue Miete an der ortsüblichen Vergleichsmiete?

- Wird die Kappungsgrenze/die Jahressperrfrist eingehalten?

- Enthält das Mieterhöhungsschreiben die Aufforderung zur Zustimmung?

Mieterhöhung infolge Modernisierung

Führen Sie Modernisierungsmaßnahmen durch (siehe Seite 89f.), können Sie nach Abschluss der Arbeiten 11 Prozent der Modernisierungskosten auf die Miete umlegen. Doch genau wie bei der Mieterhöhung bis zur ortsüblichen Vergleichsmiete müssen Sie diese Erhöhung in Textform verlangen (siehe Seite 119). Dabei sind Sie verpflichtet, die einzelnen Kosten detailliert aufzulisten, zu erläutern und den sich daraus ergebenden Mietaufschlag anzugeben. Insbesondere auf die Erläuterungspflicht legt der BGH großen Wert. Ihr Mieter muss den Grund der Erhöhung (Verbesserung der Wohnung, Einsparung von Energie und Wasser) nachvollziehen können und es muss für ihn erkennbar sein, dass es sich hierbei ausschließlich um Kosten für die Modernisierung handelt. Denn sehr oft werden gleichzeitig mit der Modernisierung auch Schäden beziehungsweise Mängel am Gebäude oder an der Wohnung beseitigt. Die Kosten hierfür dürfen Sie jedoch – genau wie eventuelle Finanzierungskosten – nicht umlegen, sondern müssen Sie herausrechnen. Haben Sie für die Modernisierungsmaßnahmen öffentliche Zuschüsse erhalten, müssen Sie diese ebenfalls abziehen.

Hat alles seine Richtigkeit, gilt die neue Miete ab Beginn des dritten Monats nach Zugang des Mieterhöhungsverlangens. Haben Sie die Modernisierung ohne Ankündigung durchgeführt oder liegt die tatsächliche Mieterhöhung mehr als 10 Prozent über der voraussichtlichen, verlängert sich die Frist um weitere 6 Monate.

Frau   Sascha Wieland
Julia Hausmann   Gerbermühlstr. 82
Bockenheimer Landstr. 118   60594 Frankfurt
                                        Tel. 069/22 55 67 8
60325 Frankfurt

[Datum]

Wohnung Bockenheimer Landstr. 118, 1. Stock, links
Erhöhung der Miete

Sehr geehrte Frau Hausmann,

die mit Schreiben vom [Datum] angekündigten Modernisierungsmaßnahmen sind mittlerweile abgeschlossen. Im Einzelnen wurden folgende Arbeiten durchgeführt:

[Genaue Beschreibung der durchgeführten Maßnahmen, gegebenenfalls aufschlüsselt nach Gewerken]

Dafür sind folgende Kosten angefallen:

[Detaillierte Kostenaufstellung]

Auf Ihre Wohnung entfällt davon ein Anteil von [Angabe Euro] (Gesamtkosten : Anzahl Wohneinheiten beziehungsweise Gesamtkosten : Gesamtwohn-/Nutzfläche x Wohnfläche der Wohnung). Daraus ergibt sich folgende Mieterhöhung:

Kosten für Ihre Wohnung   [Angabe Euro]
hiervon 11 Prozent Umlage auf Jahresmiete   [Angabe Euro]
monatliche Mieterhöhung   [Angabe Euro]

Bitte überweisen Sie diesen Betrag ab dem [Datum] zusätzlich zu Ihrer bisherigen Miete. Selbstverständlich besteht die Möglichkeit, die Originalbelege nach Terminvereinbarung bei mir einzusehen.

Mit freundlichen Grüßen

Das Ende – Kündigung und Auszug

Auch der letzte Akt – die Beendigung des Mietverhältnisses –
birgt noch einmal reichlich Konfliktpotenzial. Das jedoch
kann leicht entschärft werden, wenn beide Seiten wissen, in
welchen Fällen eine Kündigung möglich ist und welche Fristen dabei eingehalten werden müssen. Ein Abschied ohne
Streit ist also durchaus möglich, zumal auch für die Rückgabe der Wohnung klare Regeln gelten. Der folgende Über-
blick über die wichtigsten Bestimmungen und Vorschriften
hilft Ihnen aber nicht nur, Ihre Nerven zu schonen, sondern
unter Umständen auch viel Geld zu sparen.

Ihr Mieter will ausziehen –
Mieterkündigung

Ihr Mieter hat – aus welchen Gründen auch immer – beschlossen auszuziehen? Dann gibt es mehrere Möglichkeiten, wie er das Mietverhältnis mit Ihnen beenden kann. Für Sie als Vermieter ist in diesem Zusammenhang eigentlich nur zu beachten, dass er dabei die vorgeschriebenen Fristen einhält, denn verhindern können Sie seinen Auszug nicht. Lassen Sie sich allerdings nicht das Märchen von den drei Nachmietern auftischen. Einen solchen müssen Sie nämlich nicht in jedem Fall akzeptieren.

Im Gegensatz zum Zeitvertrag, der automatisch ausläuft, muss der „normale" unbefristete Mietvertrag aktiv beendet werden. Das kann Ihr Mieter entweder im Einvernehmen mit Ihnen tun oder durch Kündigung. In letzterem Fall unterscheidet man zwischen der ordentlichen und der außerordentlichen Kündigung. Beide müssen schriftlich erfolgen und von allen im Mietvertrag genannten Mietern unterschrieben werden. Gleiches gilt für den Empfänger: Sind mehrere Personen Vermieter, muss das Schreiben an alle gerichtet sein. Hält Ihr Mieter diese Formvorschrift nicht ein, ist die Kündigung unwirksam.

▨ Der Normalfall – die ordentliche Kündigung

Ordentlich bedeutet in diesem Zusammenhang unter Einhaltung der gesetzlichen Kündigungsfrist. Diese beträgt für den Mieter seit der Mietrechtsreform 2001 – unabhängig von der Mietdauer – 3 Monate. Wird die Kündigung bis zum dritten Werktag eines Monats erklärt, wird dieser bei der Berechnung der Kündigungsfrist mitgerechnet. Geht das Kündigungsschreiben Ihres Mieters also bis zum 3. Mai (fällt dieser auf einen Sonntag, bis zum 4. Mai) bei Ihnen ein, endet das Mietverhältnis zum 31. Juli. Entscheidend ist dabei der rechtzeitige

Zugang des Kündigungsschreibens. Und den muss Ihr Mieter im Streitfall beweisen können. Wird die Kündigungsfrist nicht eingehalten, wird die Kündigung deswegen aber nicht ungültig. In diesem Fall verschiebt sich die Frist einfach entsprechend. Einen Kündigungsgrund braucht Ihr Mieter bei der ordentlichen Kündigung nicht anzugeben.

Wichtig: Müssen Sie zum Zeitpunkt des Einwurfs nicht mehr mit Post rechnen, gilt das Kündigungsschreiben für diesen Tag als zu spät. Bis zu welcher Uhrzeit genau die Kündigung in Ihrem Briefkasten sein muss, wird von den Gerichten unterschiedlich beurteilt. Nach 18 Uhr ist aber auf jeden Fall zu spät (BVerfG Vf. 117-VI-91, NJW 1993, Seite 518).

TIPP Der Mietaufhebungsvertrag

Der Mietaufhebungsvertrag ist eine freiwillige Vereinbarung zwischen Ihnen und Ihrem Mieter, die besagt, dass das Mietverhältnis zu einem bestimmten Termin enden soll. Da weder Sie noch er gezwungen werden können, eine solche einvernehmliche Regelung zu treffen, müssen dabei weder Kündigungsfristen noch Vertragslaufzeiten berücksichtigt werden. Der Mietaufhebungsvertrag kann sowohl schriftlich als auch mündlich abgeschlossen werden, wobei aus Beweisgründen die schriftliche Variante ganz klar zu bevorzugen ist. Der einzige Punkt, der zwingend darin geregelt werden muss, ist das Datum, zu dem das Mietverhältnis enden soll. Darüber hinaus empfiehlt es sich aber auch, zu klären, welche Schönheitsreparaturen vorgenommen werden müssen (siehe Seite 83ff.), was mit den vom Mieter vorgenommen Veränderungen/Einbauten passieren soll (siehe Seite 142f.) und bis wann die Kaution zurückzuzahlen ist (siehe Seite 49). Ebenfalls empfehlenswert ist die Aufnahme einer Klausel, dass über die vereinbarten Punkte hinaus keine weiteren gegenseitigen Ansprüche mehr bestehen – allerdings nur wenn Sie sicher sind, dass Sie tatsächlich keine anderen Forderungen mehr gegen den Mieter haben.

Der Sonderfall – die außerordentliche Kündigung

Wie der Name schon sagt, handelt es sich bei der außerordentlichen Kündigung um eine Kündigung „außer der Reihe", die – im Gegensatz zur ordentlichen

Kündigung – nur aus wichtigem Grund erfolgen kann (der im Einzelnen erläutert werden muss). Auch gelten hier andere Fristen.

■ Die fristlose Kündigung

Die außerordentliche fristlose Kündigung beendet das Mietverhältnis sofort. Sie ist nur zulässig, wenn es dem Mieter unter Berücksichtigung aller Umstände nicht zugemutet werden kann, das Mietverhältnis bis zum Ablauf der regulären Kündigungsfrist fortzusetzen. Das ist unter anderem dann der Fall, wenn Sie ihm den vertragsgemäßen Gebrauch der Mietsache nicht (rechtzeitig) einräumen oder wieder entziehen, also beispielsweise wenn Sie nach wie vor selbst auf seinem Stellplatz parken oder ihm ohne Grund verbieten, den Garten zu betreten, obwohl dieser explizit zum Mietgegenstand gehört. Stellt die Benutzung der Wohnung ein erhebliches Gesundheitsrisiko dar (Schimmelbefall, Baugifte etc.), kann er ebenfalls fristlos kündigen. Aber auch andere Verstöße gegen mietvertragliche Pflichten, die zu einer nachhaltigen Zerrüttung des Vertrauensverhältnisses zwischen Ihnen und Ihrem Mieter führen, sind in diesem Zusammenhang denkbar. Zum Beispiel wenn Sie Ihren Mieter beleidigen oder in seiner Abwesenheit unerlaubt seine Wohnung betreten. Wichtig: Geht es – wie in den Beispielen – um die Verletzung einer vertraglichen Pflicht, muss er Sie vorher abmahnen oder Ihnen eine angemessene Frist setzen, innerhalb der Sie Abhilfe schaffen müssen. Erst wenn diese Maßnahmen erfolglos sind, darf er kündigen. Ist jedoch offensichtlich, dass Sie sich weigern und nicht darauf reagieren werden, kann er sich diese Mühe sparen. Das gilt auch, wenn die sofortige Kündigung selbst unter Berücksichtigung Ihrer legitimen Interessen gerechtfertigt ist, also bei besonders gravierenden Pflichtverletzungen.

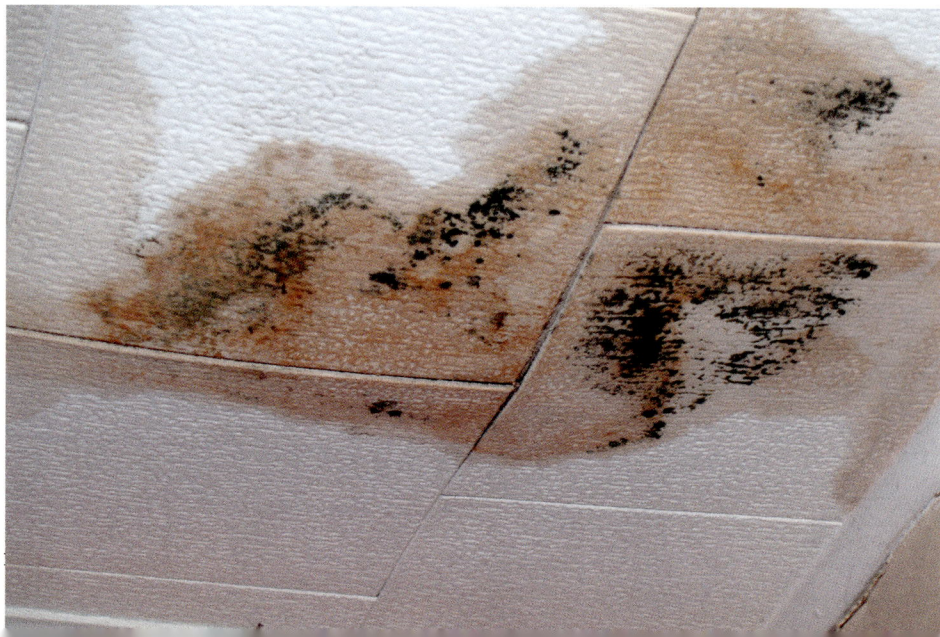

■ Sonderkündigungsrechte

Wie bereits in den entsprechenden Abschnitten erwähnt, steht Ihrem Mieter in bestimmten Situationen (Modernisierung, Mieterhöhung, Verweigerung der Untervermietungserlaubnis ...) ein Sonderkündigungsrecht zu. Dieses berechtigt ihn zwar in der Regel nicht zu einer fristlosen Kündigung, es handelt sich dabei aber trotzdem um eine außerordentliche Kündigung.

■ *Was ist dran? – Der Mythos vom Nachmieter*

Dachten Sie bisher auch, dass es genügt, drei Nachmieter zu stellen, um vorzeitig aus dem Mietervertrag herauszukommen? Dann sollten Sie das ganz schnell vergessen, denn es stimmt nicht! Ihr Mieter hat nur dann das Recht auf Nachmieterstellung, wenn es ausdrücklich im Mietvertrag vereinbart ist. Dann allerdings reicht einer – sofern dieser geeignet ist. Wichtigstes Kriterium ist dabei natürlich die Zahlungsfähigkeit, während Gesichtspunkte wie Sympathie, Geschlecht, Familienstand, Nationalität etc. kein Argument für eine Ablehnung sind. Achtung: Lehnen Sie einen geeigneten Nachmieter grundlos ab, braucht Ihr Mieter ab dem Zeitpunkt, zu dem der von ihm vorgeschlagene Kandidat in die Wohnung eingezogen wäre, keine Miete mehr zu bezahlen (LG Oldenburg 13 S 150/96, WM 1997, Seite 491).

Doch auch wenn im Vertrag keine solche Klausel existiert, gibt es eine Hintertür: In sogenannten Härtefällen billigt die Rechtsprechung Ihrem Mieter ebenfalls die Möglichkeit zu, sich mithilfe eines Nachmieters vorzeitig aus einem bestehenden Mietvertrag zu befreien (die 3-Monats-Frist ist jedoch in der Regel zumutbar). Dazu zählen:

- Ein beruflich bedingter Ortswechsel

- Ein erhöhter Platzbedarf aufgrund von Geburt oder Heirat

- Der Umzug in ein Alters- oder Pflegeheim

- Eine schwere Krankheit (die zum Beispiel das Treppensteigen unmöglich macht)

Der Erwerb einer eigenen Immobilie sowie die Möglichkeit, eine günstigere oder besser gelegene/geschnittene Wohnung zu beziehen, stellen hingegen keine Härtefälle dar.

Sie wollen Ihren Mieter loswerden – Vermieterkündigung

Sehr viel interessanter als die Mieterkündigung ist für Sie als Vermieter die Frage, in welchen Fällen und wie schnell Sie Ihrem Mieter kündigen können, sei es, weil Sie sein pflichtwidriges Verhalten nicht länger hinnehmen wollen, oder weil Sie selbst in die Wohnung einziehen möchten. Die Antwort darauf finden Sie in diesem Kapitel. Denn Ihren Mieter so lange zu provozieren, bis er genervt aufgibt und selbst kündigt, ist keine gute Idee. Sie machen sich damit nämlich unter Umständen schadenersatzpflichtig.

Die Formvorschriften, die für Ihren Mieter gelten, sind natürlich auch für Sie verpflichtend (siehe Seite 130). Lassen Sie sich von einem Rechtsanwalt oder Verwalter vertreten, muss dieser dem Kündigungsschreiben eine Originalvollmacht beilegen, sofern seine Bevollmächtigung nicht bereits bekannt ist. Darüber hinaus muss das Kündigungsschreiben einen Hinweis auf das Widerspruchsrecht des Mieters enthalten, der auch Angaben zu Form und Frist des Widerspruchs enthalten sollte (siehe Seite 138).

Achtung: Genau wie der Mieter im Zweifelsfall beweisen muss, dass Sie seine Kündigung erhalten haben (siehe Seite 130f.), müssen Sie das umgekehrt auch. Dazu geeignet ist ein Einschreiben mit Rückschein oder die Zustellung durch einen Boten. Dieser muss aber nicht nur bezeugen können, dass er das Schreiben in den Briefkasten des Mieters gesteckt beziehungsweise es ihm übergeben hat, sondern auch, dass es sich bei dem Schriftstück um die Kündigung gehandelt hat. Er muss den Brief also vorher lesen. In besonders heiklen Fällen empfiehlt sich sogar die Zustellung durch den Gerichtsvollzieher.

Fristgerecht – die ordentliche Kündigung

Ihr Mieter ist vor einer Kündigung deutlich besser geschützt als Sie, denn Sie müssen – im Gegensatz zu ihm – auch die ordentliche Kündigung begründen. Und dabei lässt der Gesetzgeber folgende Gründe gelten:

- Der Mieter hat seine Pflichten aus dem Mietvertrag schuldhaft verletzt, zum Beispiel weil er sich mit seiner Miete im Rückstand befindet, ständig zu spät bezahlt, andere Mieter belästigt, den Hausfrieden stört, die Wohnung vertragswidrig nutzt, sie verwahrlosen lässt beziehungsweise mutwillig beschädigt oder sie unbefugt untervermietet. Achtung: Bevor Sie Ihrem Mieter wegen einer Pflichtverletzung kündigen können, müssen Sie ihn in aller Regel abmahnen und die Verletzung darf nicht unerheblich sein. So ist es beispielsweise nicht zulässig, Ihrem Mieter zu kündigen, weil er vergessen hat das Treppenhaus zu reinigen.

- Sie werden durch die Fortsetzung des Mietverhältnisses daran gehindert, Ihr Grundstück angemessen wirtschaftlich zu verwerten, und erleiden dadurch erhebliche Nachteile. In der Praxis wird dieser Kündigungsgrund allerdings nur selten angeführt, weil die Gerichte in diesem Fall einen relativ hohen Maßstab anlegen. So reicht beispielsweise die Tatsache, dass Sie bei einer Neuvermietung eine höhere Miete erzielen könnten, ebenso wenig aus wie die Absicht, die Wohnung als Eigentumswohnung zu verkaufen. Beabsichtigen Sie, Ihrem Mieter gegenüber diesen Kündigungsgrund anzuführen, sollten Sie sich auf jeden Fall von einem juristisch versierten Fachmann beraten lassen.

- Sie machen Eigenbedarf geltend. Dieser Grund ist nicht nur mit Abstand der häufigste, sondern auch der konfliktträchtigste, denn es kommt hier immer auf den Einzelfall an. Grundsätzlich liegt Eigenbedarf vor, wenn Sie die Wohnung für sich selbst, einen Ehegatten, Lebenspartner, Verlobten oder für nahe Verwandte wie Eltern, Kinder, Geschwister und Enkel benötigen. Aber auch Nichten und Neffen sowie andere Personen, zu denen eine sehr enge persönliche oder soziale Bindung besteht, kommen in Betracht. Dass Sie die Wohnung benötigen, heißt in diesem Fall, dass Sie vernünftige und nachvollziehbare Gründe für Ihren Anspruch haben, die Sie auch darlegen müssen. Gerechtfertigt ist der Eigenbedarf zum Beispiel, wenn er aufgrund von sich ändernden persönlichen Verhältnissen entsteht, also bei Heirat, Geburt, Trennung, Auszug der Kinder, Arbeitsplatzwechsel, schwerer Krankheit etc. Aber auch die Aufnahme eines Au-pair-Mädchens oder einer Pflegekraft in die Wohnung können

Sie anführen, selbst den Wunsch nach einer günstiger gelegenen/geschnitten oder besser ausgestatteten Wohnung. Wie gesagt, es kommt immer auf den konkreten Einzelfall an. Steht allerdings in demselben Gebäude gleichzeitig eine ebenfalls geeignete Wohnung leer oder wird ein deutlich überhöhter Wohnbedarf geltend gemacht, sinken Ihre Chancen, mit der Eigenbedarfskündigung durchzukommen, deutlich. Zudem sollte der Bedarf zumindest für 2 bis 3 Jahre bestehen. Eine nur vorübergehende oder gelegentliche Nutzung der beanspruchten Räume rechtfertigt keinen Eigenbedarf.

Achtung: Einen Eigenbedarf geltend zu machen, obwohl er in Wahrheit gar nicht besteht, ist keine gute Idee – auch wenn Sie die Wohnung erst nach einer „Schamfrist" wieder neu vermieten. Sowohl die Gerichte als auch die betroffenen Mieter begegnen diesem Kündigungsgrund inzwischen mit deutlichem Misstrauen und die Chancen, erwischt zu werden, sind größer, als Sie vielleicht denken. In diesem Fall machen Sie sich nicht nur schadenersatzpflichtig, sondern unter Umständen auch strafbar (Betrug). Als Schäden kommen dabei die Renovierungskosten, die Mietdifferenz zur alten Wohnung sowie die Umzugs- und Maklerkosten in Betracht.

TIPP
Kein Kündigungsschutz
Haben Sie eine Einliegerwohnung, ein möbliertes Zimmer, ein Zimmer in einem Studentenwohnheim oder die Wohnung nur vorübergehend vermietet, kommt Ihr Mieter nicht in den Genuss dieses Schutzes. Sie können ihm auch ohne die Angabe eines Grundes kündigen.

Bei allen drei Punkten gilt: Sie müssen den Grund und den Sachverhalt, auf den sich die Kündigung stützt, in Ihrem Kündigungsschreiben so detailliert darstellen, dass Ihr Mieter überprüfen kann, ob die Kündigung berechtigt ist oder nicht.

Und natürlich müssen Sie sich an die gesetzlich vorgeschriebene Kündigungsfrist halten. Im Fall der Vermieterkündigung ist diese je nach Dauer des Mietverhältnisses gestaffelt: Lebt Ihr Mieter seit maximal 5 Jahren in der Wohnung, gilt die bereits bekannte Drei-Monats-Frist (siehe Seite 130). Beträgt der Zeitraum mehr als 5 Jahre, verlängert sie sich um weitere 3 Monate und bei mehr als 8 Jahren noch einmal.

Frau und Herrn
Sabine und Helmuth Berger
Goethestr. 17

13158 Berlin

Ingrid und Frank Trepte
Saarländer Str. 5
04179 Leipzig
Tel. 0341/66 77 88 9

[Datum]

Mietwohnung Goethestr. 17, 4. Stock, Wohnungsnummer 13
Kündigung

Sehr geehrte Frau Berger,
sehr geehrter Herr Berger

leider sehen wir uns veranlasst, den mit Ihnen für die oben genannte
Wohnung geschlossenen Mietvertrag vom [Datum] unter Einhaltung der
gesetzlichen Frist ordentlich zum [Datum] zu kündigen.

Die Kündigung erfolgt gemäß § 573 Abs. 2 Nr. 2 BGB wegen Eigenbedarf,
da ... [ausführliche Begründung].

Eine vergleichbare frei stehende oder in absehbarer Zeit frei werdende
Alternativwohnung steht leider nicht zur Verfügung.

Wir möchten Sie darauf hinweisen, dass Sie gegen diese Kündigung nach
§ 574 BGB Widerspruch einlegen können. Dieser muss schriftlich erfolgen
und spätestens 2 Monate vor Ablauf der Kündigungsfrist bei uns eingehen.

Bitte geben Sie die Wohnung vollständig geräumt und in vertragsgemäßem
Zustand zusammen mit allen Schlüsseln bis zum [Datum] an uns zurück.
Einer stillschweigenden Forstsetzung des Mietverhältnisses im Sinne des
§ 545 BGB über diesen Zeitpunkt hinaus widersprechen wir bereits heute.

Mit freundlichen Grüßen

Die letzte Hoffnung für den Mieter – Härtegründe

Doch auch wenn Ihre Kündigung berechtigt ist, gibt es noch eine Möglichkeit, wie sich Ihr Mieter dagegen wehren kann. Denn liegt ein Härtefall vor, kann er der Kündigung trotzdem widersprechen und die Fortsetzung des Mietverhältnisses – zumindest für eine gewisse Zeit, manchmal sogar auf Dauer – verlangen. Er muss sich dazu auf die sogenannte Sozialklausel des BGB berufen (§ 574 bis 574 c) und darlegen, dass der Auszug eine unzumutbare Härte für ihn darstellen würde. Beispiele für solche Härtefälle sind: Krankheit/Gebrechlichkeit, hohes Alter, die Pflege eines Angehörigen in der Nachbarwohnung, Schwangerschaft, ein unmittelbar bevorstehendes Examen oder eine lange Mietdauer verbunden mit einer starken Verwurzelung in der Wohngegend. Aber auch die Tatsache, dass zu zumutbaren Bedingungen keine angemessene Ersatzwohnung zu finden ist, kann er geltend machen.

Lassen Sie seinen Widerspruch nicht gelten und erheben Räumungsklage, entscheidet das Gericht, ob seine Härtegründe schwerer wiegen als Ihre Interessen. Befinden die Richter zugunsten Ihres Mieters, verfügen sie in der Regel aber nur eine zeitlich befristete Fortsetzung des Mietverhältnisses. Die Erlaubnis, dauerhaft in der Wohnung zu bleiben, ist die absolute Ausnahme.

Wichtig: Der Widerspruch muss schriftlich erfolgen, begründet und vom Mieter unterschrieben sein. Zudem muss der Widerspruch spätestens 2 Monate vor Ablauf der Kündigungsfrist bei Ihnen eingehen – jedoch nur wenn Sie in Ihrem Kündigungsschreiben auf die Möglichkeit des Widerspruchs, dessen Form und die entsprechende Frist hingewiesen haben. Bei einer berechtigten fristlosen Kündigung oder wirksamen Zeitmietverträgen ist der Widerspruch nicht zulässig.

Keine Gnade – die fristlose Kündigung

Natürlich haben auch Sie als Vermieter die Möglichkeit, Ihrem Mieter fristlos zu kündigen. Nämlich dann, wenn er Ihre Rechte derart verletzt, dass Ihnen – unter Berücksichtigung aller Umstände – eine Fortsetzung des Mietverhältnisses bis zum Ablauf der regulären Kündigungsfrist nicht zugemutet werden kann.

Als Beispiele kommen dabei ebenfalls die auf Seite 135 bereits genannten Pflichtverletzungen in Betracht, sofern Sie ihn deswegen im Vorfeld bereits erfolglos abgemahnt oder ihm eine Frist gesetzt haben. Diese Voraussetzung kann – wie bei der fristlosen Mieterkündigung – in Ausnahmefällen auch entfallen (siehe

Seite 132). Achtung: Eine fristlose Kündigung können Sie nur bei einem wirklich gravieren Verstoß aussprechen, denn die Rechtsprechung betracht sie als letztes Mittel und legt bei der Prüfung ihrer Zulässigkeit entsprechend hohe Maßstäbe an.

Eine Sonderstellung nimmt die Kündigung wegen Zahlungsverzug ein. Hier ist ausdrücklich keine Abmahnung oder Fristsetzung notwendig. Allerdings können Sie deswegen nur dann fristlos kündigen, wenn Ihr Mieter mit zwei aufeinanderfolgenden Mieten ganz oder teilweise (mit mehr als einer Monatsmiete) im Rückstand ist oder er über einen längeren Zeitraum die Miete nicht oder nicht ganz bezahlt hat und der Rückstand mindestens zwei Monatsmieten beträgt. Eine solche fristlose Kündigung wegen Zahlungsverzug kann Ihr Mieter jedoch abwenden, indem er die Mietrückstände begleicht – selbst dann noch, wenn Sie bereits Räumungsklage eingereicht haben. Wurde ihm jedoch innerhalb der letzten 2 Jahre schon einmal aus diesem Grund gekündigt, ist diese „Hintertür" für ihn verschlossen.

Sind Sie sich nicht sicher, ob der Verstoß Ihres Mieters ausreicht, um ihm fristlos kündigen zu können, sollten Sie gleichzeitig eine ordentliche Kündigung aussprechen. Sie greift dann automatisch, sollte die fristlose Kündigung vor Gericht nicht standhalten. Mit dieser sogenannten vorsorglichen Kündigung sind Sie auf der sicheren Seite und verlieren nicht unnötig Zeit.

Wichtig: Auch bei der fristlosen Kündigung müssen Sie Ihrem Mieter eine gewisse Frist einräumen, damit er sich eine neue Bleibe suchen kann. In der Regel reichen 14 Tage.

TIPP Die Räumungsklage

Macht Ihr Mieter trotz wirksamer Kündigung keine Anstalten, auszuziehen, bleibt Ihnen nichts anders übrig als Räumungsklage zu erheben. Hier entscheidet dann das Gericht, ob Ihre Kündigung rechtens ist oder nicht. Doch bis dahin vergeht wieder eine Menge Zeit. Zwar muss Ihr Mieter weiterhin die Miete bezahlen, aber das kann in diesem Fall nur ein „Trostpflaster" sein. Lassen Sie sich trotzdem nicht dazu hinreißen, selbst tätig zu werden und Ihrem Mieter die Sachen einfach vor die Tür zu stellen. Sie erreichen damit gar nichts, sondern handeln sich nur zusätzlichen Ärger ein. Auch sollten Sie spätestens in diesem Stadium des Kündigungsprozesses anwaltliche Hilfe in Anspruch nehmen.

Frau
Ute Köster
Baumstr. 14

50676 Köln

Sarah und Gunter Richter
Lämmerstr. 20
50739 Köln
Tel. 0221/44 74 62 9

[Datum]

Mietwohnung Baumstr. 14, 1. Stock, rechts
Fristlose Kündigung

Sehr geehrte Frau Köster,

gemäß dem mit Ihnen für die oben genannte Wohnung geschlossenen Mietvertrag vom [Datum] ist die Miete im Voraus bis zum 3. Werktag des jeweiligen Monats fällig. Trotz unserer Abmahnung vom [Datum] sind die Mieten für den Monat [Angabe Monat] und [Angabe Monat] wieder verspätet bei uns eingegangen, nämlich am [Datum] beziehungsweise am [Datum]. Nach ständiger Rechtsprechung stellt dieses vertragswidrige Verhalten einen Grund für eine außerordentliche, fristlose Kündigung dar, die wir Ihnen hiermit aussprechen.

Wir fordern Sie auf, die Wohnung vollständig geräumt und in vertragsgemäßem Zustand zusammen mit allen Schlüsseln bis spätestens [Datum] an uns zurückzugeben. Einer stillschweigenden Forstsetzung des Mietverhältnisses im Sinne des § 545 BGB über diesen Zeitpunkt hinaus widersprechen wir bereits heute.

[Falls gewünscht]
Rein vorsorglich kündigen wir das Mietverhältnis mit Ihnen darüber hinaus unter Einhaltung der gesetzlichen Kündigungsfrist zum [Datum] und weisen darauf hin, dass Sie gegen diese ordentliche Kündigung nach § 574 BGB Widerspruch einlegen können. Dieser muss schriftlich erfolgen und spätestens 2 Monate vor Ablauf der Kündigungsfrist bei uns eingehen. Einer stillschweigenden Forstsetzung des Mietverhältnisses im Sinne des § 545 BGB widersprechen wir bereits heute.

Mit freundlichen Grüßen

Adieu, Servus, Bye bye –
Auszug und Abnahme

Um das Mietverhältnis wirklich zu beenden, muss Ihr Mieter die Wohnung an Sie zurückgeben. Klingt eigentlich ganz einfach, doch darf er Ihnen die Schlüssel nicht einfach in den Briefkasten werfen. Am besten vereinbaren Sie, genau wie beim Einzug, einen Termin für eine gemeinsame Wohnungsbegehung. Denn befinden sich die Mieträume nicht in einem vertragsgemäßen Zustand, kann das noch einmal richtig Ärger bedeuten. Wohl dem, der hier anhand eines detaillierten Übergabeprotokolls argumentieren kann. Haben Sie mit Ihrer Einschätzung recht, muss der Mieter die beanstandeten Mängel beseitigen beziehungsweise dafür geradestehen.

Ihr Mieter ist verpflichtet, die Wohnung „nach Beendigung des Mietverhältnisses" an Sie zurückzugeben, so steht es im Gesetz. Was das jedoch genau heißt, darüber streiten die Gerichte noch. Einige gehen davon aus, dass damit der letzte Tag des Mietverhältnisses gemeint ist, während andere annehmen, dass der darauffolgende Tag maßgeblich ist. In der Praxis stellt sich diese Frage aber nur selten, da in der Regel ein einvernehmlicher Termin zwischen Mieter und Vermieter vereinbart wird. Juristisch betrachtet gibt Ihr Mieter zu diesem Zeitpunkt seinen Besitz an der Wohnung auf und verschafft Ihnen wieder ungehinderten Zutritt zu Ihrem Eigentum – und all das passiert, indem er Ihnen die Schlüssel für das Mietobjekt aushändigt (siehe Seite 99). Behält Ihr Mieter unberechtigt Schlüssel zurück,

gilt die Wohnung nicht als zurück gegeben und er muss weiterhin eine Nutzungsentschädigung bezahlen. Das Gleiche droht ihm bei einer verspäteten Rückgabe. An Dritte, wie beispielsweise den Hausmeister, darf er die Wohnung nur übergeben, wenn diese von Ihnen dazu bevollmächtigt sind.

Wichtig: Gibt Ihr Mieter die Wohnung vorzeitig zurück, endet der Mietvertrag trotzdem erst mit Ablauf der Kündigungsfrist. Und bis dahin muss Ihr Mieter natürlich weiter Miete bezahlen. Allerdings sind Sie in diesem Fall verpflichtet, sich um eine möglichst schnelle Wiedervermietung zu kümmern. Lässt sich die Wohnung nur zu einer geringeren Miete wieder vermieten, können Sie – solange der Mietvertrag noch läuft – die Differenz von Ihrem alten Mieter verlangen.

Bauen Sie die leer stehende Wohnung um oder sanieren sie, haben Sie hingegen keinen Anspruch auf weitere Mietzahlung.

Bei Rückgabe muss der Zustand der Wohnung vertragsgemäß sein. Das bedeutet, dass alle Wohn- und Nebenräume (Keller, Dachboden, Garage etc.) vollständig geräumt sein müssen. Ist Ihr Mieter laut Mietvertrag verpflichtet, Schönheitsreparaturen vorzunehmen, müssen diese – soweit sie bei Auszug fällig sind – durchgeführt sein (siehe Seite 83ff.). Andernfalls reicht es, wenn er Ihnen die Räume besenrein übergibt.

Gut zu wissen: Weist die Wohnung bei Übergabe Schäden auf, können Sie den Mieter dafür haftbar machen. Die üblichen Abnutzungs- und Gebrauchsspuren, wie beispielsweise kleinere Flecken und Druckstellen im Teppich oder im Parkett, kleine Risse in Badewanne oder Waschbecken sowie der Verschleiß von Armaturen, können Sie jedoch nicht beanstanden. Sie gelten als normaler Mietgebrauch. Dazu zählt übrigens auch – im normalen und erforderlichen Maß – das Anbohren von Fliesen in Küche und Bad. Auch können Sie Ihrem Mieter für Schäden nicht automatisch den Neupreis in Rechnung stellen, sondern müssen je nach ursprünglichem Zustand und Nutzungsdauer Abschläge vornehmen. Ist die „Lebensdauer" des fraglichen Gegenstands bereits abgelaufen, dürfen Sie nichts verlangen. Für einen Teppich beträgt diese rund 10 Jahre und bei einem Parkett ist davon auszugehen, dass es ohnehin alle 15 Jahre abgeschliffen werden muss.

TIPP Abnahmeprotokoll

Auch wenn es keine gesetzliche Verpflichtung gibt, empfiehlt es sich trotzdem dringend, ein Abnahmeprotokoll zu erstellen. Denn mit seiner Unterschrift erkennt Ihr Mieter die im Protokoll aufgeführten Schäden an. Im Gegenzug bestätigen Sie mit Ihrer Unterschrift, dass Sie die Wohnung – mit Ausnahme der eventuell vermerkten Punkte – in ordnungsgemäßem Zustand zurückbekommen haben. Halten Sie also, genau wie beim Übergabeprotokoll, den Zustand der einzelnen Räume detailliert fest und fertigen Sie gegebenenfalls auch Fotos an (siehe Seite 54ff.).

Darüber hinaus ist Ihr Mieter verpflichtet, den ursprünglichen Zustand der Wohnung wiederherzustellen. Das heißt, er muss alle von ihm vorgenommenen Einbauten (Einbauschrank, Küche, Teppichboden, Markise) wieder entfernen und von ihm gegebenenfalls abmontierte Gegenstände wieder anbringen. Das gilt auch für Einbauten, die er von seinem Vormieter übernommen hat oder die durch eine dauerhafte Verbindung zu einem „wesentlichen Bestandteil des Gebäudes geworden sind" (BGH 1982, Seite 50). Doch gerade deren Rück- beziehungsweise Ausbau kann richtig teuer werden, da Ihr Mieter alle Schä- den, die bei der Entfernung entstehen, ebenfalls wieder beiseitigen muss. Hin- zu kommt, dass manche Einbauten (zum Beispiel ein passgenau angefertigter Ein- bauschrank) gar nicht in eine andere Wohnung passen, weshalb viele Mieter sie gern in der Wohnung belassen wür- den. Ob Sie sich darauf einlassen wollen, liegt jedoch ganz bei Ihnen. Einen An- spruch auf Entschädigung hat der Mieter in diesem Fall nicht. Anders sieht das aus, wenn Sie gern möchten, dass die Küche oder besagter Schrank in der Wohnung bleiben. Dann müssen Sie Ihrem Mieter eine Entschädigung anbieten, denn er hat

nicht nur die Pflicht, Einbauten wieder auszubauen und mitzunehmen, sondern auch das Recht dazu. Wichtig: Bauliche Veränderungen müssen vom Mieter eben- falls wieder rückgängig gemacht werden, wenn sie nicht mit Ihnen abgesprochen waren (siehe Seite 92).

Ist der Zustand der Wohnung nicht ver- tragsgemäß, können Sie zwar die Rück- gabe nicht ablehnen (es sei denn, sie ist gar nicht oder nur teilweise geräumt), aber Schadenersatz von Ihrem Mieter verlangen beziehungsweise einen Hand- werker mit der Durchführung der Schön- heitsreparaturen/der Beseitigung der Schäden beauftragen oder die verblie- benen Einbauten auf seine Kosten ent- fernen lassen. Vorher müssen Sie Ihrem Mieter allerdings genau mitteilen, was Sie beanstanden/welche Leistungen er erbringen muss, und ihm dafür eine an- gemessene Frist setzen. Erst wenn diese erfolglos verstrichen ist, können Sie aktiv werden.

Adressen, die Ihnen weiterhelfen

www.gesetze-im-internet.de

Hier können fast alle Gesetze und Rechtsverordnungen kostenlos abgerufen werden.

www.vermieterverein.de
www.hausundgrund.de

Auf diesen Websites finden Sie aktuelle Meldungen, Formulare, Urteile sowie zahlreiche andere Informationen und Service-Angebote. Auch die Kontaktdaten der örtlichen Geschäftsstellen beziehungsweise Landesverbände/Ortsvereine können Sie hier in Erfahrung bringen.

www.ivd.de

Der Immobilienverband Deutschland IVD bietet Ihnen auf seiner Homepage die Möglichkeit, Kontakt zu seinem Ombudsmann aufzunehmen, an den Sie sich bei Problemen mit Maklern, Hausverwaltern und Immobilienberatern wenden können. Sie erhalten zudem die Kontaktdaten von Maklern in Ihrer Nähe.

www.brak.de

Hier finden Sie die Kontaktdaten der regionalen Anwaltskammern, die jeweils eine Anwaltssuche nach Fachgebiet anbieten.

Register

Christian Geppert ist seit 10 Jahren als Rechtsanwalt tätig.
Er ist Fachanwalt für Miet- und Wohnungseigentumsrecht.
Seine umfangreichen Erfahrungen aus der täglichen
Beratungspraxis hat er in diesen Ratgeber eingebracht.

Andreas Ehrlich hat Jura und Betriebswirtschaft studiert.
Heute arbeitet er als freier Redakteur und Autor, insbesondere von Ratgebern.

© 2011 SAMMÜLLER KREATIV GmbH

Genehmigte Lizenzausgabe
EDITION XXL GmbH
Fränkisch-Crumbach 2011
www.edition-xxl.de

Idee und Projektleitung: Sonja Sammüller
Layout, Satz und Umschlaggestaltung:
SAMMÜLLER KREATIV GmbH

ISBN (13) 978-3-89736-237-6
ISBN (10)   3-89736-237-6

Bildnachweis

Shutterstock: Roger Jegg - Fotodesign-Jegg.de Cover
front/Marc Dietrich Cover back/Rido 6-7/wavebreak-
media ltd 8-9/James R. Martin 13/Gorin 14/filmfoto 18,
134/Ing. Schieder Markus 25/Kzenon 34-35, 69, 99/
Glenn Young 43/alterfalter 46/©claudine bosseler 51/
hagit berkovich 52/mangostock 54/bluecrayola 58-59/
benjasanz 61/FXQuadro 62/Lichtmeister 63/rangizzz 65/
Berislav Kovacevic 70/Karin Hildebrand Lau 74/Jochen
Schoenfeld 81/AISPIX 85/LianeM 89/photobank.ch 93/
Petr Jilek 96/Pavelis 100/fantazista 102-103/Edw 119/
Dmitry Pistrov 123/DPiX Center 128-129/Cynthia
Farmer 132/stefanolunardi 143/Kurhan 145